L'Art de ne croire en rien
Livre des trois imposteurs

Collection dirigée par Lidia Breda

L'Art de ne croire en rien
Livre des trois imposteurs

Préface de Raoul Vaneigem

Rivages poche
Petite Bibliothèque

106, bd Saint-Germain – 75006 Paris

ISBN : 2-7436-1002-6
ISSN : 1158-5609

Préface

Livre mythique s'il en fut, le De tribus impostoribus *a hanté l'imagination du Moyen Âge et de la Renaissance. S'il exista jamais, le manuscrit, circulant de la main à la main et de génération en génération, ajouta sans doute peu, par son contenu, à la vigueur de la thèse exposée avec une belle concision dans le titre, et qui dénonce rien de moins que l'énormité du mensonge essaimé à travers le monde par les religions juive, chrétienne et musulmane.*

Que les deux textes, publiés au XVIIe et au XVIIIe siècles, relèvent de la forgerie n'enlève rien à une évidence qu'il est encore utile de rappeler de nos jours, tant reste ancrée dans les mentalités l'idée d'un Moyen Âge profondément religieux.

Outre le scepticisme et l'incroyance qui régnaient dans les classes laborieuses, catéchisées à grand-peine par des curés s'arrogeant au sein de la misère quelques dérisoires privilèges, la bourgeoisie d'affaires, les goliards, les clercs vaguants, les lettrés oscillaient de l'anticléricalisme, publiquement proclamé, comme l'attestent nombre de contes populaires, de libelles, d'œuvres poétiques, à une interrogation lancinantes: si Dieu a créé le monde, pourquoi en a-t-il fait un enfer? Des théologiens, armés du bras séculier, aux hérétiques, qui en éprouvèrent cruellement la férocité, tout fut mis en œuvre pour répondre à la question. En vain. Le sentiment d'être embarqué dès la naissance dans une galère gouvernée par des fous a fait rebondir de siècle en siècle, sur les vagues d'une désespérance sans cesse recommencée, l'idée du hideux trébuchet dont Moïse, Jésus et Mahomet avaient usé pour piéger les hommes.

L'article «Liber de tribus impostoribus, sive tractatus de vanitate religionum» (Livre des trois imposteurs ou traité de la vanité des religions[1]) *du* Dictionnaire historique *de Prosper Marchand (volume II) définit assez précisément l'ambiguïté des intérêts suscités. C'est, écrit-il, un «Livre chimérique, dont tout le monde parle, mais que personne n'a pourtant jamais vu, et qui ne doit probablement son existence, ou pour mieux dire, tout le bruit que fait depuis si longtemps son titre, qu'à une pensée libertine et impie de Simon de Tournay, docteur en philosophie et en théologie dans l'université de Paris au* XIII*e siècle».*

Une louable curiosité a induit nombre d'érudits à fureter dans les archives de l'histoire et à renifler quelles pistes autorisent à pencher pour l'existence ou l'inexistence d'un tel livre. Le sujet a donné lieu à de piquantes polémiques

1. L'ouvrage est aussi mentionné sous ce titre dans l'*Histoire de l'Église* de Mosheim.

entre les esprits curieux des XVII*e* *et* XVIII*e* *siècles. Dans sa* Dissertation sur le Traité des trois imposteurs, *La Monnoye en conteste la réalité. Pieter-Frederich Arpe, auteur d'une* Apologie de Vanini, *publiée à Rotterdam en 1712, lui rétorque en prétendant avoir tenu entre les mains un manuscrit attribué à Pierre des Vignes, secrétaire de Frédéric II, mais la recension qu'il en donne suggère un écrit raisonné selon la méthode de Descartes.*

Nous possédons les thèses de Tentzelius, de Mosheim, de Bayle, de Prosper Marchand, qui a le mieux cerné le problème de ce livre singulier, si mystérieux par sa publication et si évident par son titre. Un recueil d'articles de Silvia Berti, Françoise Charles-Daubert et Richard H. Popkin, Heterodoxy, spinozism, and free thought in early-eighteenth-century Europe. Studies on the Livre des trois imposteurs[1], *tente de dresser un bilan de l'état de la question.*

Que le De imposturis religonum breve compendium, *rédigé en latin vers 1688 pour être publié plus tard sous la date de 1598, et le* Traité des trois imposteurs, *édité en 1721 soient des faux n'ôte rien à la vivacité d'une critique de la religion qui allait s'accentuer avec la Révolution française et précipiter la déchristianisation.*

Brève histoire de ce que Prosper Marchand appelle « une pensée libertine et impie ».

Plusieurs témoignages révèlent de troublantes et redoutables fissures dans l'édifice monolithique que

1. Cf. repères bibliographiques p. 31.

l'Église s'est opiniâtrée, à la lueur de ses bûchers, à rafistoler avec le ciment du mensonge évangélique, tant qu'un État lui en a déféré le pouvoir.

La Monnoye et Marchand s'accordent à reconnaître en Abu Tahir le premier à avoir jeté l'opprobre sur les saints patrons du monothéisme en déclarant : « En ce monde, trois individus ont corrompu les hommes, un berger [Moïse], un médecin [Jésus] et un chamelier [Mohamed]. Et ce chamelier a été le pire escamoteur, le pire prestidigitateur des trois. »

Abu Tahir fut l'un des chefs de guerre du courant karmate, dissidence ismaélienne qui, du IXe au Xe siècle, rejette l'autorité du prophète Mohamed. En janvier 930, Abu Tahir s'empare de La Mecque, tue tous les pèlerins, pille la mosquée et, après huit jours de saccages et de massacres, emporte la Pierre noire sacrée.

Il n'est pas exclu que l'opinion d'Abu Tahir puise son inspiration dans le mandéisme, un syncrétisme du judaïsme et du christianisme, apparu au Ier siècle. Les mandéens, en effet, tiennent Jésus pour un faux prophète, un imposteur auquel ils opposent Jean le Baptiste. Antichrétiens et antijudaïques, ils ont constitué une religion qui, depuis le VIIe siècle, survit sous la loi islamique.

La thèse d'Abu Tahir trouva chez ibn Ruchd, mieux connu sous le nom d'Averroès (mort en 1198), une formulation non moins expressive : « La religion judaïque est une loi d'enfants, la chrétienne une loi d'impossibilité et la mahométane une loi de pourceaux. » C'est selon toute vraisemblance par le truchement d'Averroès, qui jouissait d'un crédit considérable parmi les lettrés euro-

péens, que se répandit en Occident la supputation d'un «livre dont tout le monde parle, mais que personne n'a pourtant jamais vu».

Dès lors, les auteurs supposés deviennent légion. On en impute la rédaction à Frédéric II (1194-1250) ou, plus exactement, à son secrétaire Pierre des Vignes, qu'il fit périr misérablement. Il est vrai que l'empereur, estimant par-dessus tout l'exercice du pouvoir, entretenait d'excellents rapports avec le monde arabe et ne se faisait aucun scrupule de combattre le pape un jour, pour lui complaire le lendemain en brûlant les hérétiques, comme il le fit des patarins, ou cathares de Milan. L'Église prit un malin déplaisir à lui attribuer une opinion jugée blasphématoire, en supputant que l'animosité suscitée par le despote dans son propre entourage aurait licence d'y découvrir une arme bien affûtée.

Simon de Tournai (1201-fin XIIIe siècle) reste de nos jours très mal connu. Son enseignement, qui attirait la foule des étudiants, lui valut de solides inimitiés. On démêle donc difficilement si l'envie de ses rivaux fit courir sur lui les accusations d'hérésie ou si la hardiesse de sa pensée fut réelle, opinion qui n'est pas dépourvue de pertinence, car il approuvait Jean Scot Érigène, que l'Église tenait en abomination.

Thomas de Cantimpré lui reproche une vie amoureuse très libre et l'accuse d'avoir proclamé: «Ils furent trois qui par leur secte et leur dogme abusèrent le monde: Moïse, Jésus et Mahomet. Moïse, le premier, dupa le peuple juif, le deuxième, Jésus-Christ, les chrétiens, le troisième, Mahomet, les païens. » Plus tard, Boccace, dans le troisième conte de son Décaméron, *imaginera la parabole des trois anneaux ressemblants, qu'il applique à la religion juive, à la chrétienne et à la mahométane, insinuant qu'on peut embrasser indifféremment l'une ou l'autre parce que l'on est bien en peine de savoir à laquelle adjuger la préférence.*

Avec Thomas Scoto, dominicain puis franciscain, qui enseignait à l'école des Décrétales, dans la première moitié du XIVe *siècle, à Lisbonne, au moins possède-t-on les bribes d'un enseignement véritablement subversif et dont les éléments auraient pu fournir la matière d'un livre.*

L'inquisiteur Alvaro Pelayo, qui le fit arrêter, jeter en prison et, selon toute vraisemblance, envoyer au bûcher, relève, dans son Collyrium contra haereses, *paru en 1344, dix-sept chefs d'accusation. On y trouve notamment :*

– trois imposteurs ont trompé le monde : Moïse a trompé les juifs, Jésus les chrétiens et Mahomet les sarrasins (article 3) ;

– après la mort, les âmes sont anéanties (article 5) ;

– il niait la virginité perpétuelle de Notre-Dame (article 7) ;

– il enseignait que le monde serait mieux gouverné par les philosophes que par les théologiens (article 8) ;

– il était partisan du concubinage des Frères et parlait avec peu de respect de saint Augustin et de saint Bernard (article 9) ;

– il niait que le Christ eût donné autorité à saint Pierre, à ses successeurs ou aux évêques (article 10) ;

– il était préadamite[1] *(article 11) ;*

– il admettait l'éternité du monde (article 12) ;

– il niait le Jugement dernier, la résurrection des morts et la gloire future (article 13) ;

– il tenait Aristote pour plus sage que Moïse et pour meilleur que le Christ, un homme mauvais, pendu pour ses péchés et se commettant avec les prostituées, à qui il s'adressait. (article 14) ;

– il blasphémait l'eucharistie et l'autorité des dogmes (article 15) ;

– il attribuait les miracles du Christ à la magie (article 16) ;

Dans son Corpus documentorum Inquisitionis hereticae pravitatis Neerlandicae, *publié à Gand de 1889 à 1900, Paul Fredericq retranscrit l'interrogatoire de Herman de Rijswijck, condamné à la prison à vie en 1502 par l'inquisiteur Jean Ommaten. Parmi les thèses incriminées, plusieurs rappellent les enseignements de Thomas Scoto :*

– le monde a été de toute éternité et n'a pas commencé avec la création, qui est une invention du stupide Moïse ;

– il n'y a pas d'enfer ;

– après cette vie, il n'y en aura aucune autre en particulier ;

1. C'est-à-dire qu'il soutenait l'existence des hommes avant Adam. La même thèse, défendue au XVIIe siècle par Isaac La Pereyre, sera encore condamnée par l'Église et le Parlement.

– le Christ fut un imbécile, un naïf chimérique et le séducteur des hommes simples. Et je soutiens que ce Christ a damné le monde entier et n'a sauvé personne. Car en effet les hommes s'entre-tuent à cause de lui et de sa bouffonnerie évangélique. Tous les actes du Christ sont contraires au genre humain et à la juste raison (...) ;

– j'estime que notre foi est une fable, comme le prouvent les bouffonneries de notre Écriture, les légendes bibliques et le délire évangélique ;

– je suis né chrétien mais je ne suis pas chrétien, parce que les chrétiens sont parfaitement stupides.

Condamné à la prison à vie à La Haye, il réussit à s'évader. Arrêté et jugé comme relaps pour avoir diffusé des livres écrits de sa main, il est livré au bûcher le 15 décembre 1512. Ses livres sont brûlés avec lui.

Herman de Rijswijck avait-il pris connaissance des écrits de Thomas Scoto ? A-t-il eu entre les mains le manuscrit du De tribus impostoribus ? *Ou la seule réflexion personnelle l'a-t-elle amené à énoncer, à la faveur d'une intelligence que l'obscurantisme et la terreur ordinaires réduisaient au silence des vérités qui mettront des siècles à se répandre et à se banaliser ?*

Quoi qu'il en soit, ce sont les mêmes idées que professe Jacques Gruet dans les années 1540, à Genève. Il fait partie des bourgeois éclairés qui s'insurgèrent contre les prétentions théocratiques de Calvin et résolurent d'affronter ouvertement un fanatique méditant de soumettre à ses austères compulsions la population tout entière du canton.

La fronde s'amorça par des railleries. Benoîte, épouse du sénateur Pierre Ameux, ayant à justifier son goût des aventures amoureuses, déclara qu'elle ne voyait là qu'un heureux effet de la « communion des saints ».

Meneur de l'opposition à Calvin, Jacques Gruet diffusa un libelle qui rappelait les thèses de Thomas Scoto et de Herman de Rijswijck. En 1547, il tenta de soulever le peuple de la ville et afficha sur les murs de la principale église de Genève un appel à la révolte. Calvin s'empressa de le faire arrêter et, à l'issue d'une parodie de procès, le fit décapiter avec ses amis du « parti libertin », ainsi que le tyran appelait les adeptes de la liberté politique et amoureuse[1].

Bien que les treize feuillets manuscrits eussent été brûlés publiquement de la main du bourreau en 1550, quelques extraits en furent conservés dans les actes du procès et les diatribes de Calvin. La lettre Clarissime lector – Très illustre lecteur[2] –, *saisie lors de l'arrestation de Gruet en 1547, échut par un heureux hasard entre les mains de François Rocca, archiviste de Genève à partir de 1768.*

Quant aux propos de Gruet[3], *ils ne laissent pas de raviver le problème des sources du libelle :*

1. À la même époque, Calvin dénoncera aux magistrats catholiques de Tournai Quintin Thierry, partisan du libre-esprit, qu'il accuse de libertinisme.

2. On en trouvera des extraits dans *La Résistance au christianisme*, p. 370-372.

3. Rapportés par François Berriot dans un article du Bulletin de la société d'histoire du protestantisme français (1979), intitulé *Un procès d'athéisme à Genève, l'affaire Gruet (1547-1550).*

– il raille la personne et la doctrine de Moïse;

– les patriarches et les prophètes sont traités de « folz, resveurs, fantastiques », les évangélistes de « maraux, coquins, apostats, lourdaux, escervelés », la vierge Marie de « paillarde » ;

– il nie la divinité de Jésus-Christ, sa passion et sa résurrection, il l'appelle « Nycolas de Molle » et le définit comme un « belistre, un folz, un menteur, un meschant et misérable, malheureux fantastique, rustre plein de présomption maligne dont les miracles ne sont que sorcellerie » ;

– il exprime une véritable détestation à l'égard des Écritures tant de l'Ancien que du Nouveau Testament, il se moque ouvertement de toute chrétienté;

– il nie que Dieu soit créateur du ciel et de la vie, il « renonce et abolit toute religion et divinité » pour conclure que « Dieu n'est rien, les hommes sont semblables aux bestes, la vie éternelle n'existe pas ».

La question de savoir s'il a existé ou non un manuscrit des Trois imposteurs *recopié, remanié et transmis clandestinement se situe, à mon sens, dans une limite de temps qui court des mandéens à Gruet, en passant par Abu Tahir, Averroès, Simon de Tournai, Thomas Scoto et Herman de Rijswijck. Pas au-delà, car l'esprit de la Renaissance et les prodromes de l'ère bourgeoise autorisaient alors, en dépit des périls, à braver publiquement des interdits ancrés dans les mentalités depuis des siècles. L'éviction de Calvin eût-elle été mieux préparée, le défi que Jacques Gruet lança courageusement à la face du criminel cagot avait de quoi susciter bien des turbulences en cette Europe secouée par une vague de fond, d'où émergeaient des libertés depuis longtemps revendiquées dans les tourments du cœur*[1].

La hardiesse de pensée, le scepticisme et l'hédonisme des penseurs florentins du quattrocento, *la révolte de Savonarole, l'imprimerie, les placards de Luther, le sac de Rome firent sonner, dès le* XVIe *siècle, le premier hallali qui annonçait la traque et le démembrement de la toute-puissance de Rome. Vaincue en Hollande, en Angleterre, dans l'Allemagne du Nord et en Scandinavie, elle se maintint près de trois siècles encore, n'éteignant que très lentement ses bûchers. Mais cette audace de Thomas Scoto, de Herman de Rijswijck, de combien d'autres, enfouis sans bruit, que le tissu inquisitorial, étouffant les corps et les consciences, condamnait à un silence seulement rompu par le cri des supplices, cette audace osa enfin se manifester au grand jour avec l'espoir d'être comprise et renouvelée.*

Assurément, Bernardino Ochino (1487-1564) aurait pu écrire un Livre des trois Imposteurs, *lui qui pratiqua en sa longue existence toutes les religions et doctrines du temps, pour affirmer en fin de compte que*

1. J'ai tenté de montrer, dans *Le Mouvement du libre-esprit,* combien restait vivace au Moyen Âge le goût des libertés de nature et comment, se jouant du langage religieux, elles se servaient de Dieu, à l'envers des mystiques, pour le vider de sa substance au bénéfice de l'individu.

l'unique valeur de la vie résidait en ses terrestres faveurs et saveurs. Et Étienne Dolet. Et l'anti-trinitariste Socin. Et Simon de Neufville, hennuyer mort à Padoue en 1530, disciple du sceptique Christophe de Longueil. Et Pomponace. Et Le Pogge. Et Rabelais. Et, plus tardivement, un certain Guillaume, curé de Fresne-sur-Berny, dont nous ne savons rien si ce n'est par une brève mention dans l'article IX du tome premier des Mémoires de Littérature, *imprimés à La Haye en 1716; mais, à l'époque, le curé Jean Meslier avait fait mieux.*

Noël Journet n'entre pas dans la liste des auteurs putatifs des Trois imposteurs. *Son pamphlet s'inscrit néanmoins dans la lignée de Gruet et de ses prédécesseurs. Il y publie des commentaires sur la Bible, où il met en évidence les absurdités et les ignominies d'un livre qui enténébra les consciences pendant des siècles.*

Né à Suzanne, près d'Attigny-en-Rethellois, Noël Journet fut instituteur et disciple du libre penseur hollandais Dirk Coornherdt, qu'il aurait rencontré aux Pays-Bas. Coornherdt, grand défenseur de la tolérance, est avec Sébastien Castellion, qui s'attira par sa liberté d'esprit la haine de Calvin, le seul à avoir exigé, contrairement à Érasme, la suppression de la peine de mort pour « crime d'hérésie ».

Les protestants, toujours prompts à dénoncer les atrocités catholiques, se sont bien gardés de réhabiliter la mémoire de ce libre-penseur dont les critiques attisèrent la haine des réformés, qui le firent brûler à Metz avec son ouvrage le 29 juin 1582. Son délateur, le pasteur

Chassaignon, en conserva la mémoire dans un opuscule intitulé : La Réfutation des erreurs estranges et blasphèmes horribles contre Dieu et l'Escripture saincte et les saints Prophètes et Apostres. *Il cite entre autres :*

– Moïse est un ennemi du genre humain, un capitaine de meurtriers et de brigands. Il a donné ordre aux siens de tout saccager lorsqu'ils entreraient en Canaan, de tuer les femmes et tous les enfants mâles (...) ;

– Jacob est un trompeur. Il a notamment fait usage de baguettes rayées pour influer sur la couleur des agneaux et augmenter ainsi sa part de bétail ;

– Moïse n'a pas écrit le Pentateuque, *vu que sa propre mort s'y trouve relatée à la fin ;*

– il déclare en outre que les magistrats sont tous des « tyrans et larrons », que les tailles sont de « vraies tyrannies », que « la femme n'étant mariée à son goût peut prendre un autre mari afin d'éviter paillardise »[1].

L'œuvre de Noël Journet – à supposer que l'on en découvre un jour la version complète – se rattache à la fois à la tradition des Trois imposteurs *et à la critique de Johannes Denck (1495-1517), banni de Nuremberg pour avoir relevé les absurdités de la Bible. Ce courant critique, encore peu étudié, trouvera son aboutissement dans la* Théologie portative *de d'Holbach et dans le* Citateur *de Pigault-Lebrun, dont Bonaparte, alors en*

1. Voir Peter, R., *Noël Journet, détracteur de l'Écriture sainte* (1582), in *Croyants et sceptiques au XVIe siècle. Le dossier des épicuriens.* Actes du colloque de Strasbourg, 1981.

conflit avec le pape, menaça de répandre cent mille exemplaires sur le marché. Il comprend aussi le Discours sur les miracles de Jésus-Christ *de Woolston*[1], *que l'Église anglicane envoya pourrir en prison pour avoir tourné en dérision les opérations magiques du Messie.*

Onze ans après l'exécution de Noël Journet, une note de police sur le dramaturge Christopher Marlowe (1564-1593), due à l'indicateur Richard Bame, rend compte de propos similaires à ceux de Gruet et de ses prédécesseurs. Elle a été reproduite par Havelock Ellis en appendice de son édition de Marlowe dans la collection Mermaid, édition non expurgée de 1887.

– Que les Indiens et maints auteurs de l'Antiquité ont assurément écrit il y a plus de 16 mille ans, là où Adam est prouvé avoir vécu il y a moins de 6 mille ans.

– Il affirme que Moïse n'était qu'un jongleur, et qu'un certain Herriots peut faire plus que lui.

– Que Moïse fit voyager les Juifs quarante ans dans le désert (voyage qui aurait pu être fait en moins d'une année) avant qu'ils atteignissent la Terre promise, avec le dessein que ceux qui étaient dans le secret de la plupart de ses ruses puissent périr, et qu'ainsi une durable superstition restât dans le cœur des gens.

– Que la religion à ses premiers débuts visait seulement à maintenir les hommes dans la crainte.

– Que c'était chose aisée pour Moïse, qui était instruit de tous les arts des Égyptiens, de tromper les Juifs, qui étaient un peuple rude et grossier.

1. Sur Woolston, voir *La Résistance au christianisme.*

– Que Christ était un bâtard et sa mère déshonnête.

– Qu'il était fils d'un charpentier, et que si les Juifs parmi lesquels il était né l'avaient crucifié, ils savaient mieux que personne qui il était et d'où il venait.

– Que Christ méritait plus de mourir que Barrabas, et que les Juifs firent un bon choix, encore que Barrabas fût voleur et meurtrier.

– Que s'il existait quelque Dieu ou quelque bonne religion, alors ce serait chez les papistes, car le service de Dieu y est célébré avec plus de cérémonies, comme l'élévation de la messe, les orgues, les chantres, les crânes tonsurés, etc. Que tous les protestants sont des ânes hypocrites.

– Que s'il lui était demandé de composer une nouvelle religion, il l'entreprendrait avec une méthode à la fois plus excellente et plus admirable, et que tout le Nouveau Testament est écrit de façon immonde.

– Que les femmes de Samarie étaient des putains, et que le Christ les connaissait déshonnêtement.

– Que saint Jean l'Évangéliste était le concubin de Christ, qu'il était toujours penché sur son sein, qu'il faisait usage de lui comme les pécheurs de Sodome.

– Que tous ceux qui n'aiment pas le tabac et les garçons sont des sots.

– Que tous les apôtres vivaient de la pêche et étaient de bas marauds sans esprit ni valeur, que Paul avait de l'esprit, qu'il se montrait timoré lorsqu'il enjoignait de se soumettre aux magistrats contre sa conscience.

– Qu'il avait tout autant le droit de frapper de la monnaie que la reine d'Angleterre, et qu'il connaissait

un certain Poole, prisonnier à Newgate, qui était d'une grande habileté à allier les métaux, et instruit par lui dans cet art il entendait, avec l'aide d'un habile fabriquant de poinçons, frapper des couronnes françaises, des pistolettes et des shillings anglais.

– Que si Christ avait institué les sacrements avec plus de respect pour le cérémonial, ils seraient tenus en plus d'admiration, qu'il eût été bien préférable de les administrer dans une pipe à tabac.

– Que l'ange Gabriel agissait comme proxénète pour le Saint-Esprit, puisqu'il apporta les Salutations de celui-ci à Marie.

– Qu'un certain Richard Cholmelei a confessé qu'il avait été convaincu de devenir athée par les raisons de Marlowe.

– Ces choses et beaucoup d'autres seront prouvées par de bonnes et honnêtes gens être les opinions et propos courant de Marloes (sic), et que ce Marloes non seulement les tient pour lui-même, mais qu'en quelque compagnie qu'il soit, il persuade les hommes à l'athéisme, voulant qu'ils ne soient pas effrayés par des croque-mitaines et des farfadets, il méprise complètement Dieu et ses ministres, ainsi que moi Rychard Bome (sic) le justifierai à la fois par mon serment et le témoignage de beaucoup d'honnêtes gens, et presque tous les hommes avec lesquels il a conversé à quelque moment attesteront de même, et je pense que tous les hommes de la Chrétienté devraient entreprendre que soit close la bouche d'un de leurs membres aussi dangereux.

– Il dit en outre qu'il a relevé un grand nombre de contradictions dans les Écritures, lesquelles il a communiqué à certains hommes éminents qui en temps voulu seront nommés. Quand il sera question de ces choses, les témoins seront fournis.

Peu de temps après, comme le souhaitait le mouchard, Christopher Marlowe mourut, poignardé par Francis Archer le premier juin 1593, à l'âge de 29 ans. Richard Bame fut pendu l'année suivante.

Le petit livre de Geoffroy Vallée ne se réfère ni à Moïse, ni à Jésus, ni à Mohamed, si ce n'est dans une brève allusion : « Toutes les religions ont observé d'ôter à l'homme la félicité du corps en Dieu, afin de le rendre toujours plus misérable et garder le meilleur pour ceux qui les ont inventées… ».

Le titre, De arte nihil credendi, *sous lequel il fut connu, dit assez combien son propos prétend aller au-delà de l'athéisme, que du reste il combat. Son style empesé et maladroit, sa construction désordonnée – défauts fort ordinaires pour le premier essai d'un étudiant à peine sorti de l'adolescence – et la bizarrerie de l'incipit l'ont fait taxer de folie. Une lecture attentive révèle, au contraire, chez le jeune homme une perspicacité que l'Église estima assez outrageante pour l'envoyer à la mort, à l'âge de vingt-quatre ans.*

Geoffroy Vallée, seigneur de La Planchette, a vu le jour à Orléans, vers 1550. Il appartenait à une famille aisée, son père était contrôleur des domaines du roi, sa mère, Gérarde Berruyer, qu'il semble estimer beaucoup, fille d'un avocat fiscal. À Paris, où l'on suppose qu'il a fait ses études, il se lie à la jeunesse libertine du temps, qui le surnomme le « beau Vallée ». Ces hédonistes ou épicuriens ont été, de tous les temps – que l'on songe à Villon et aux coquillards –, les porteurs d'un message de vie qui, si ambigu qu'il fût parfois, atteste une volonté de s'émanciper des prêtres, de la religion et de son puritanisme mortifère.

Il est piquant de noter que Geoffroy Vallée fut le grand-oncle de Desbarreaux, un de ces libertins qui, un siècle plus tard, avec Claude Le Petit – pendu et brûlé sur ordre de Louis XIV –, Théophile de Viau, le baron de Blot, Claude Bellurgey, Cyrano de Bergerac – discrètement assassiné –, célébrèrent les mérites et les charmes d'une vie que la religion se donnait tant de mal à empoisonner.

Son libelle parut sans mention d'éditeur. Il avait eu la témérité, en revanche, de le signer de son nom. Le texte attira l'attention du prévôt de la connétablie, Nicolas Rapin, un de ces magistrats coutumiers d'assouvir leurs penchants dénaturés par les voies de la férocité pénale. Enfermé dans les cachots du Châtelet, sous la prévention de lèse-majesté divine, puis transféré dans les prisons du Parlement, Vallée suscita l'intervention de ses parents et de ses amis. Ceux-ci recommandèrent, dans l'intention de le sauver, de ne le traiter ni en blasphémateur ni en athée mais en insensé.

Condamné à être pendu, il interjette appel au Parlement, qui incline à croire qu'une peine de détention à perpétuité suffirait. Mais le confesseur de Charles IX, l'évêque de Nevers, Arnaud Sorbin, adversaire de la Réforme et de la liberté de pensée, intervient auprès du roi et il obtient de cet être vil et à demi fou, tristement célèbre pour son zèle lors de la Saint-Barthélemy, l'autorisation de faire pendre et brûler l'infortuné jeune homme. En dépit d'une minorité assez forte en faveur de la détention, Geoffroy Vallée est exécuté le lendemain de l'arrêt rendu, le 9 février 1574, à l'âge de vingt-quatre ans.

Le très révérend père Garasse, de la Société de Jésus, ne manqua pas de s'en féliciter: « Par le commandement du roi, on en fit un beau sacrifice à Dieu, en place de Grève, et fut brûlé demi-vivant. »

L'ouvrage, réputé sous le faux titre De arte nihil credendi, *fut surtout recherché comme une curiosité par les collectionneurs, qui ne semblent guère l'avoir lu. Ses thèses se démêlent pourtant aisément, en dépit de confusions et de redites, qui ne laissent pas d'évoquer les échos de débats, querelles et discussions auxquels s'adonnaient Geoffroy Vallée et ses amis, comme ce sera le cas chez les libertins du XVIIe siècle, étudiés et publiés par Frédéric Lachèvre.*

Geoffroy Vallée n'est pas athée mais déiste, ou plus exactement gnostique. Son Dieu est un dieu de savoir, non de foi et de croyance. C'est un dieu de pure intellection. Il « veut tout avoir et être connu en tout. Lui qui est si grand se connaît par les grandes sciences ». Il est dans l'intelligence des êtres et des choses, non dans les religions.

On l'atteint par le savoir et la compréhension du monde et de soi. Dieu est le monde qu'il faut connaître et connaître le monde, c'est reconnaître Dieu. Les religions vont à rebours d'une telle attitude en imposant la foi et la croyance aveugle. Elles sont toutes obscurantistes en ce qu'elles crétinisent ceux sur qui elles assurent leur emprise. Et Vallée examine les différentes croyances : le papiste, fanatique acharné à combattre l'intelligence, adepte du « credo quia absurdum », qui hait le savoir et règne en cultivant l'ignorance du peuple ; le huguenot, un peu moins bête, parce qu'il fait appel à la raison et au sens critique ; l'anabaptiste, plus humain que le huguenot, en ce qu'il prône la solidarité, l'amitié, l'entraide. Le sceptique, que Vallée appelle libertin, se montre, dans la gradation que l'auteur établit entre les diverses croyances, supérieur aux précédents mais il risque de tomber dans le cynisme et l'égoïsme, car « il ne veut le bien que pour lui ». L'athée, bien qu'il ne croie pas en Dieu, n'échappe pas à l'emprise de la croyance, il s'en laisse accroire au lieu de réfléchir par lui-même et il succombe, à l'égal de ceux qu'il dénigre, à la peur, à l'ambition, au pouvoir, à la force des armes.

Sur ce point, Vallée reste en retrait de ceux qui, selon la belle formule de Jacques Prévert, sont « intacts de Dieu ». Mais l'idée que l'athée perpétue un système de croyance mérite attention si l'on considère avec quelle facilité d'irréprochables athées comme Staline, Mao Tsé-Toung et Pol Pot édifièrent des théocraties personnelles.

Il outrepasse en tout cas la simple critique de l'athéisme quand il exhorte à n'entrer pas dans « le conseil des rois et des tyrans », à bannir la crainte et à accorder de la noblesse à l'amitié, à la libéralité, à la raison, à l'authenticité, au savoir, aux sciences et aux arts plutôt qu'à la force, à la ruse et au mensonge.

Les deux derniers textes parés du titre des Trois imposteurs *annoncent d'Holbach et Diderot en combattant ouvertement la religion.*

« Parmi les Traités qui s'intéressent à Moïse, Jésus-Christ et Mahomet, il convient de distinguer, écrit Françoise-Charles Daubert, le De imposturis religionum breve compendium (Deum esse, eumque colendum esse) *attribué à J. F. Mayer [un théologien renommé] et dont le manuscrit est acheté par Eugène de Savoie lors d'une vente à Berlin de la bibliothèque Mayer, le 13 janvier 1716. Il s'agit d'un texte du* XVII*e siècle préparé à l'occasion d'une* disputatio *qui s'est tenue le 3 avril 1688 à l'université de Kiel, complété d'un appendice attribué à J. J. Müller. Il aurait constitué le texte de sa réponse à Mayer lors de ce débat. Cet appendice aurait été rédigé peu avant le 3 avril.*[1] »

Le texte latin fut traduit et édité en allemand par Presser, avant d'être réédité par Bartsch. Pour Presser, l'auteur ne serait autre que Johann Joachim Müller, né en 1661 à Hambourg, qui étudia le droit à Leipzig et à Altdorf, où il reçut son graduat en 1685, et mourut en 1733. Son grand-père, le théologien hambourgeois Johannes Müller (1598-1672), avait connu en son temps une certaine notoriété comme auteur du livre

1. *Op. cit.*, p. 134.

Atheismus devictus (La Défaite de l'athéisme) *Sans entrer dans la querelle des attributions, il est piquant de constater que le manuscrit, qui sera imprimé plus tardivement, est antidaté de 1598, date de naissance du grand-père, théologien et glorieux pourfendeur de l'athéisme.*

Il semble que le profit commercial ait joué un rôle dans la publication, en 1721, du Livre des trois imposteurs, *écrit en français et paru à Rotterdam. Deux associés de la maison Fritsch et Böhm, devenue ensuite Levier et Böhm, s'avisant du bénéfice qui se pouvait tirer d'une production aussi recherchée par les curieux et les bibliophiles, résolurent de prêter une réalité éditoriale au livre mythique, ou en tous cas introuvable. Ils en passèrent commande à un de ces écrivains français qui avaient trouvé refuge en Hollande, où sa liberté de penser ne l'exposait pas à l'embastillement dont l'aurait menacé son pays.*

Attribué à Jean Rousset de Missy, le Livre des trois imposteurs *ne présente rien en commun avec le libelle en latin de Müller.*

Françoise Charles-Daubert voit dans le texte de Jacques Gruet une manière de traité embryonnaire, dont Rousset de Missy aurait eu connaissance. Encore faut-il rappeler que cet embryon, déjà attesté chez Thomas Scoto et chez Herman de Rijswijck, se retrouve aussi chez Noël Journet et dans les propos du dramaturge élisabéthain Christopher Marlowe, transmis aux services de police.

L'ouvrage de Rousset de Missy reflète les opinions d'un milieu athée de plus en plus résolu, dont la lutte conduira à la décollation du monstre bicéphale que constituaient l'Église et la monarchie de droit divin. La France eut ainsi Jean Meslier, auteur du célèbre Testament, *la Hollande Adrien Beverland (1653-1712), « théoricien d'un panthéisme érotique exaltant le libre assouvissement du désir sexuel »*[1].

En Allemagne, l'initiative de Johann Joachim Müller écrivant sa dissertation sur les Trois imposteurs n'est sans doute pas sans rapport avec le scandale que suscita partout sur son passage l'étonnant Matthias Knutzen[2].

Poète de l'athéisme et de la lutte contre l'obscurantisme religieux, Matthias Knützen a manifestement inspiré les encyclopédistes français, dont seul Naigeon le mentionne.

Né à Oldenmouth dans le Holstein en 1646, fils d'un organiste, il est, à la mort de ses parents, recueilli par le pasteur Fabricius, qui assure son éducation. Ses études de théologie à Königsberg achèvent de le gagner à l'athéisme. En 1668, il s'inscrit à l'université de Copenhague, où il écrit un texte aujourd'hui disparu, De lacrimis Christi. *De retour à Oldenmouth, il prend la parole à Tönningen devant une assemblée de paysans à*

1. Silvia Berti, « L'Esprit de Spinoza : ses origines et sa première édition dans leur contexte spinozien », in *Heterodoxy, spinozism, and free thought in early-eighteenth-century Europe. Studies on the Livre des trois imposteurs*, p. 30.

2. Voir Bartsch G., *Ein deutscher Atheist und Revolutionär Demokrat der 17 Jahrhundert*, Berlin, 1965, et *La Résistance au christianisme*, pp. 439 sq.

qui il prône l'insoumission au protestantisme des pasteurs et à l'absolutisme des princes. Banni, il se réfugie à Krempen, au Danemark, où il reprend ses diatribes contre la richesse des consistoires. Il est chassé de Krempen, parcourt l'Allemagne en défendant publiquement l'athéisme et la révolte contre l'aristocratie.

Il écrit Amicus amicis amica, *qu'il envoie aux autorités et dont il dépose plusieurs copies manuscrites dans l'église principale d'Iéna. Échappant de justesse à la police, il gagne Cobourg et Nuremberg, où il propage les exemplaires de son libelle, recopié sans trêve. Il fait courir le bruit d'un groupe international dont il serait l'initiateur, les conscientaires. Ses textes, imprimés clandestinement, exerceront sur la pensée non conformiste en France une influence que l'on ne s'est pas encore donné le plaisir d'étudier. On perd sa trace en 1674. L'idée prévaut qu'il serait mort en Italie, vers l'âge de vingt-huit ans.*

Il déclare dans son pamphlet Amicus amicis amica : *« Nous nions Dieu et nous le précipitons de ses hauteurs, rejetant le temple avec tous ses prêtres. Ce qui nous suffit à nous, conscientaires, c'est la science non d'un seul mais du plus grand nombre (...), cette conscience que la nature, mère bienveillante des humbles, a accordée à tous les hommes, à la place des Bibles. »*

Raoul VANEIGEM

Repères bibliographiques

Bainton, R., *Bernardino Occhino*, 1940.

Bartsch, G., *Ein deutscher Atheist und Revolutionär Demokrat des 17. Jahrhunderts*, Berlin, 1965.

Berriot, F., *Un procès d'athéisme à Genève, l'affaire Gruet (1547-1550)*, in Bulletin de la société d'histoire du protestantisme français, 1979.

Berti, Silvia, Charles-Daubert, Françoise and Popkin, Richard H., *Heterodoxy, spinozism, and free thought in early-eighteenth-century Europe. Studies on the Livre des trois imposteurs*, Kluwer Academic Publishers, Dordrecht, Boston, London, 1996.

Fredericq, Paul, *Corpus documentorum Inquisitionis hereticae pravitatis Neerlandicae*, Gand, 1889-1900 (p. 452, Herman de Rijswijck).

Peter, R., *Noël Journet, détracteur de l'Écriture sainte* (1582), in *Croyants et sceptiques au XVIe siècle. Le dossier des épicuriens.* Actes du colloque de Strasbourg, 1981.

Vaneigem, Raoul, *La Résistance au christianisme. Les hérésies des origines au XVIIIe siècle*, Fayard, 1991.

Vaneigem, Raoul, *Les Hérésies*, coll. « Que sais-je ? », Presses universitaires de France.
Vaneigem, Raoul, *Le Mouvement du libre-esprit*, Ramsay, 1986.

L'Art de ne croire en rien

La Béatitude des chrétiens
ou Le Fléau de la foi*,
par Geoffroy Vallée

Natif d'Orléans, fils de Geoffroy Vallée
et de Girarde Berruyer, auquel nom des père
et mère assemblés[1], il s'y trouve :
Lerre geru vrey fleo D
La Foy bigarrée
Et au nom du fils
Va fleo règle Foy
Aultrement
Guere la Fole Foy.

Heureux qui sçait
Au sçavoir repos.

* Le texte du libelle a été adapté en français moderne.

1. Le jeu anagrammatique sur le nom du père et de la mère, d'où Vallée infère sa mission de remplacer la croyance et la foi par l'intelligence de l'homme et la connaissance de soi, qui répondent seules aux desseins de Dieu, a servi de caution à l'opinion selon laquelle il était fou. C'est pourtant un procédé dont les kabbalistes usent librement par une savante permutation des lettres, sans encourir un tel reproche.

Le vrai catholique ou universel*

J'ai ma volupté avec Dieu
En Dieu n'ai que repos.

L'homme n'a d'aise, de repos, de béatitude, de consolation et de félicité qu'en son savoir, lequel est engendré par l'intelligence et par la connaissance. Et dès lors, quand ce savoir précède, la croyance lui en demeure, qu'il le veuille ou non. Cette croyance-là s'appelle la croyance engendrée, car elle est engendrée dans l'homme par le savoir qu'il en a, et jamais elle ne peut être vaincue.

Mais celui qui croit par foi ou par crainte et peur, qu'on suscite en lui, celui-là se peut divertir, changer et détourner quand il juge chose meilleure, dès l'instant que cette grande crainte ne l'étreint. Et telle croyance s'appelle la croyance que l'on engendre, parce qu'un homme l'engendre en un autre, soit par la foi qu'il lui suggère soit par la peur qu'il lui fait. Cette croyance-là est très mauvaise et très misérable, et de là viennent tous les maux que nous avons jamais connus, et ont été et seront sources de toute abomination. Et par cette

* Vallée rend ici au terme grec καθολικος, Katholicos, son sens d'universel. Dieu est pour lui l'universalité du savoir octroyé aux hommes par l'intelligence et la connaissance.

croyance-là l'homme est toujours entretenu et nourri en ignorance. Il en devient grosse bête, et vécût-il mille ans, logé sur ce grand et petit credo ou sur pareille croyance, il ne saura jamais rien.

LE PAPISTE

Je n'ai que crainte en Dieu
De Dieu je suis peureux.

La croyance que le papiste dit avoir est proférée et parolée à la manière d'un perroquet. On la lui engendre par crainte et peur, dès le berceau, sans qu'il entende ni qu'on lui fasse jamais entendre ce que c'est que croire. Car la peur qu'il a d'être promptement brûlé, et la crainte, après la mort, d'être damné s'il ne dit pas qu'il croit en Dieu, comme il a été instruit de ses père et mère, [l'incitent à] penser que c'est le plus grand mal qui soit en tout le monde que de ne croire point en Dieu[1]. Et il n'a pas le loisir d'y penser ni aucune hardiesse, tant la peur et la crainte le possèdent, étant toujours au milieu de deux diables et bourreaux,

1. Dans les années 1950, le R. P. Brumberger, qui aurait fait un beau père Garasse, soutenait encore que l'incroyance était un plus grand mal que l'existence des camps de concentration.

ne pouvant être plus misérable et damné qu'il est: privé d'intelligence, de raison, de justice, de vérité et amitié. Et on peut le dire tout à fait bête, ne prenant conscience de rien, ayant l'entendement en Dieu tellement occupé de crainte et de peur. Car, à craindre Dieu, l'homme en perd l'intellect, et il ne lui reste que cet entendement bestial et terrestre, comme à la bête. Et il en demeurera toujours tel, colère, fou, méchant et malheureux.

Le huguenot

Je n'ai que crainte en Dieu
De Dieu j'ai l'espérance.

La croyance du huguenot, qu'on lui engendre, est composée de foi et crainte. Elle ne le rend pas si bête que le papiste, d'autant qu'il est instruit en quelque démonstration et fausse intelligence, avec cette crainte et coup de bâton que s'il ne croit pas il ne peut être sauvé. S'il savait quelque peu de chose de Dieu, on l'y pourrait ramener pour lui faire connaître et entendre que [son attitude] le damne au lieu de le sauver et dès lors jugerait-il que c'est cela sa croyance et sa foi[1]. Mais c'est une chose vrai-

1. Car la croyance engendrée par un autre que soi rend versatile et prêt à changer de foi.

ment malaisée à faire comprendre à un homme que n'accompagnent pas la hardiesse et le zèle de savoir, car [s'il avait cette hardiesse et ce zèle du savoir] alors il connaîtrait tous les blasphèmes, poisons, pestilences, abominations et méchancetés qu'apportent toutes les religions, lesquelles, au lieu de donner la vraie connaissance de Dieu, l'ôtent tout à fait.

Et l'on peut dire que l'homme est en enfer terrestre, parce qu'il n'y a [d'autre] damnation que d'être privé de ce savoir et intellect. Et ce savoir et cette intellection, jamais il ne les pourra avoir celui-là qui croit et a foi, du moins s'il ne dépasse pas sa croyance et sa foi.

Qu'il essaie donc [plutôt] par toutes les voies et les sciences d'atteindre à ce savoir : parce que toutes les sciences n'ont d'autre but que cette connaissance et science [suprême] qui se nomme Sapience. Et celle-là, il est impossible de l'obtenir par la crainte et par la foi. C'est bien plutôt le zèle et le désir de la connaissance qu'il fallait inculquer à l'homme, et non lui dire qu'il faut commencer par craindre Dieu et avoir foi en lui.

D'autant qu'en ce qui nous touche de près, nous voulons tenir [de Dieu] cette connaissance, ce savoir et cette intelligence, comme de quelqu'un qui aurait un grand compte à nous rendre, lequel aurait beau dire : votre compte y est, croyez-moi ; nous répondrions : je veux le savoir et le comprendre, car le seul repos et la seule félicité sont dans le savoir et l'intellection, non dans la croyance ni la foi. [Imaginez] quelqu'un à qui nous aurions payé une dette considérable et qui viendrait nous la réclamer une autre fois. En conscience, que voudrions-nous lui opposer? «Je crois l'avoir payée » ou «je sais l'avoir payée»?

Je suis sûr qu'il n'y a si beau croyant qui ne renonçât de bonne heure à «je crois» pour dire «je sais». Et cela doit nous démontrer que ce ne sont que des trompeurs effrontés que ces gens qui prêchent et soutiennent qu'il faut croire.

Dans la compréhension et le savoir gisent toute la consolation, tout le bonheur, tout le repos de l'homme. Et non pas dans cette croyance et dans cette foi où ils veulent que nous soyons logés toute notre vie. Et qui plus est, à la mort, ils nous chantent encore le credo!

L'ANABAPTISTE

Je suis peureux en Dieu
De Dieu j'ai espérance.

La croyance de l'anabaptiste est à peu près celle du huguenot, hormis qu'il n'éprouve pas autant de crainte de Dieu, ce qui le rend moins sot et moins ignorant que le huguenot. Ils n'aiment pas autant l'argent [que les huguenots], ni les biens matériels, ils sont plus libéraux entre eux et sont plus heureux en leur religion que les papistes et les huguenots. Et de même que le huguenot tire le papiste des fers de sa religion, l'anabaptiste pourrait tirer le huguenot des fers de la sienne. En effet, les grâces et les vertus aident grandement à cette connaissance que chacun désire, comme l'amitié, la libéralité, la raison, le fait d'être véritable, de ne pas être ignorant des sciences, quelles qu'elles soient, y compris des arts. Car Dieu veut tout avoir et être connu en tout. Lui qui est si grand se connaît par les grandes sciences.

Ô combien les ignorants en sont éloignés s'ils ne connaissent pas leur ignorance. Parce que l'ignorance occupant l'homme lui apporte ce malheur : moins il sait, plus il pense savoir. [Et ainsi en va-t-il de l'homme] s'il n'a ce zèle et ce désir de vouloir savoir et de ne rien aimer tant que les sciences.

LE LIBERTIN

Je suis douteux de Dieu
Sans Dieu suis tourmenté.

Le libertin[1] n'a ni croyance ni incroyance. Il ne se fie à rien, se défie de tout, ce qui le plonge

1. Le portrait du libertin proposé par Vallée est plutôt celui du sceptique.

sans cesse dans le doute. Mais s'il est bien instruit et s'adonne souvent à la réflexion, il peut aborder à un port plus heureux que les autres, qui croient. Pour autant qu'il soit passé par la huguenotterie, il surpasse le papiste en intelligence[1], mais s'il n'y prend garde, il s'enferrera lourdement et risquera de tomber dans l'athéisme (bien, il est vrai, que l'homme créé par Dieu ne puisse jamais être sans Dieu). Il peut même tomber dans un état pire que ceux que j'ai nommés ci-dessus; encore qu'il ne puisse descendre jusqu'au papiste, qui est si stupide, comme je l'ai dit, qu'il proclame, et croit, que le bien est le mal et le mal est le bien. À cela échappe le libertin. En effet, celui-ci veut le bien mais il ne le veut que pour lui et il ne peut le prendre en Dieu parce qu'il en doute.

Toutes les religions ont observé d'ôter à l'homme la félicité du corps en Dieu, afin de le rendre toujours plus misérable et garder le meilleur pour ceux qui les ont inventées[2] ou pour ceux qui les maintiennent.

1. Pour Vallée, les réformés accordent plus de crédit à la raison que les gens du « credo quia absurdum ».

2. C'est la seule allusion discrète aux trois imposteurs.

L'ATHÉE

J'ai ma volupté sans Dieu
En Dieu n'ai que tourment.

L'athée ou celui qui se dit tel, car il n'est pas possible à l'homme d'être sans Dieu, est une croyance contraire aux autres, et toutefois il croit : il croit qu'il n'y a point de Dieu. Voilà pourquoi il ne trouve, quand il y pense, que tourment et affliction en Dieu, se demandant s'il l'a quitté pour avoir la volupté du corps et exercer toutes ses passions, se tourmentant toujours de savoir vraiment – je dis savoir et non croire – s'il y a un Dieu ou s'il n'y en a point. Car le savoir, il ne l'a pas. Bien que sa bouche profère qu'il n'y a pas de Dieu, sa conscience l'accable, car elle n'est jamais en repos et elle ne pourra trouver son repos qu'en Dieu.

Ainsi, de la même manière que ceux que j'ai nommés ci-dessus disent qu'il y a un Dieu, l'athée dit qu'il n'y en a point. Et tous, que ce soit en bien ou en mal, n'en savent rien. Ils le croient [pareillement] et c'est cela qu'ils appellent savoir. Cela devrait plutôt s'appeler bredouillage.

Mais l'homme véritable, qui a cette sapience, est au milieu d'entre eux. Il voit et connaît leurs erreurs et défauts. Il sait comme la croyance que l'on a engendrée en eux est cause de leur ignorance et de la crainte qu'ils éprouvent envers Dieu. Ils ne se rendent pas compte que le savoir a une telle force en l'homme que la [vraie croyance] qui en est issue lui est reste, qu'il le veuille ou non[1]. Et de ce savoir ne pourra jamais sortir que la compréhension de ceci : que la croyance est à mi-chemin entre la science et l'ignorance et qu'il y a deux formes de croyance, l'une engendrée en nous par le savoir et l'autre qui est engendrée, pour notre ignorance, par la foi et la peur que l'on instille en nous et que l'on impute à Dieu. La foi n'existe que par l'absence de la connaissance, car où est la connaissance, la foi est morte et n'a aucun lieu d'être.

Le pauvre chrétien est bien en droit de s'estimer le plus misérable parmi tous les hommes de la terre, parce que son salut, son paradis, son repos, sa condition, sa béatitude, sa félicité sont fondés sur l'ignorance et la méconnaissance, que représentent sa croyance et sa foi. Et bien qu'ils affirment toujours qu'ils savent et connaissent, c'est un savoir de bête, de perroquet. Ils ne font que proférer et parler sans intelligence, avec la crainte qui toujours les accompagne et les hante.

1. Il s'agit ici non de la croyance engendrée par un autre homme ou des conditions extérieures mais de celle qui s'engendre de l'intellection que Dieu a mise en chaque homme pour qu'il le puisse connaître et connaître le monde.

Qui est en crainte,
quelque crainte que ce soit
ne peut être heureux.

Mais heureux sera celui qui, comme David l'a prophétisé au début de son premier psaume, n'aura pas été du conseil des méchants rois ou tyrans, et qui ne se sera pas arrêté au but ni au chemin du vulgaire ignorant, celui qui croit et a la foi, et n'aura pas pris charge, degré ou bénéfice dans les maisons de pestilence, blasphème et abomination.

Mais au lieu de tomber dans de telles ambitions et de telles ignorances, médite jour et nuit, et contemple ce qu'il en est de l'Éternel et de l'homme. Car l'homme est la connaissance, les commandements et la Loi. Et qu'est-ce que cette loi ? C'est la raison, la justice, la vérité et l'amitié qu'on lui a fait perdre dès la mamelle par la crainte et la terreur dont on l'a nourri en Dieu. Et cela lui a ôté l'intellect. On l'a repu du Credo et de la Foi, deux beaux exemples pour en faire sa vie durant docteur de dame Ignorance.

Au lieu d'avoir sapience et connaissance de la vérité, par quoi il serait à même de juger à quel point est faux ce qu'on lui donne à entendre, on lui instille la crainte et la terreur en Dieu comme on confère aux armes la vertu et la noblesse.

Mais qu'il mette donc la vertu et la noblesse [dans l'art] de connaître, savoir, posséder l'intelligence de ce qu'est Dieu et de ce qu'est l'homme et redoute plutôt la prise et le maniement des armes.

Alors il connaîtra un commencement de sagesse et il l'entretiendra en ayant la raison dans la tête, sans aller la chercher à côté de lui ou dans l'épée. Et il mettra l'amitié, la justice et l'équité, que les hommes se doivent naturellement les uns aux autres, dans le cœur et les affections, et non dans la bourse et dans la bouche.

A.prenez par ma recherche.
En la nourriture de ceste Girarde
Le Berruyer, au nom de laquelle
Il s'y trouve.
De Bray Lerur Gerire
Et uni avec celui du fils
Lerre Geru vrey Fleo D.
La Foy bygarrée[1].

1. Même remarque que pour la dédicace initiale. On peut y démêler un hommage à sa mère dont le savoir lui a permis de s'ériger en destructeur de la foi.

De tribus impostoribus
Anno M.D.II.C.

Il est un Dieu et l'on doit l'honorer, affirment beaucoup de gens avant de savoir ce qu'est *Dieu*, ce qu'est *être* et dans quelle mesure ceci est commun aux corps et aux esprits qui se distinguent les uns des autres. Ils l'affirment aussi avant de savoir ce que veut dire *honorer Dieu*. En attendant, ils mesurent l'honneur rendu à Dieu à l'aune de l'honneur que l'on doit rendre à des personnalités d'exception.

Ce que doit être Dieu, ils le décrivent selon l'aveu patent de leur non-savoir *(ignorantia)*. Car, dans la distinction entre Dieu et le reste des choses, il est nécessaire d'affirmer, sur la base du déni des concepts vrais, qu'il est l'étant illimité *(esse infinitum ens)*, c'est-à-dire quelque chose dont ils ne peuvent connaître ou saisir les limites. Ils prétendent qu'il est le créateur du ciel et de la terre. Mais ils ne disent pas qui l'a créé, parce qu'ils ne le savent pas et ne le comprennent pas.

D'autres voient en lui sa propre origine et affirment qu'il n'est issu de personne, si ce n'est de lui-même ; et partant, ils disent de nouveau quelque chose qu'ils ne comprennent pas. Nous ne saisissons pas son origine, disent-ils, il n'y en a donc aucune. (Pourquoi ne pas dire tout de suite : nous ne comprenons pas Dieu, donc il n'y en a pas.) Et c'est là la première caractéristique de leur ignorance.

Il est impossible de progresser jusqu'à l'infini. Pourquoi ? parce que l'entendement humain doit s'arrêter quelque part. Pourquoi ? parce qu'il y est habitué, parce qu'il ne peut rien se représenter au-delà des limites qui lui sont imposées, comme s'il pouvait véritablement en déduire : je ne comprends pas l'infini, donc il n'existe pas.

Et pourtant, quelques disciples du Messie connaissent, comme on le sait par expérience, une infinie progression de qualités et de personnes divines, sur la limitation desquelles on se querelle encore, et ainsi n'existerait, à leur avis, qu'une progression vers l'infini. C'est en effet à partir de l'infini qu'a été engendré le Fils, c'est de l'infini que souffle le Saint-Esprit.

Engendrement à l'infini, progression à l'infini. Car si cet engendrement et ce souffle avaient commencé et fini, la notion d'éternité en serait oblitérée.

Même si l'on peut être d'accord avec ces gens pour dire que l'engendrement des humains ne peut être étendu à l'infini, chose qu'ils déduisent pourtant de leur entendement limité, cela ne veut pas dire pour autant qu'il n'y ait pas d'autres formes d'engendrement parmi les créatures célestes – de façon propre et en correspondance avec le nombre des humains – et cela ne détermine pas qui, à partir de ce nombre, doit être considéré comme le dieu suprême. Car chaque religion reconnaît l'existence de divinités intermédiaires, même si elles ne sont pas toutes appelées du même nom. Le fameux principe : *l'Être supérieur à l'homme par son être doit représenter une unité*[1] semble ainsi ébranlé. Partant, on pourra affirmer que c'est à partir de la diversité des dieux engendrés que sont nées les différences dans les religions et plus tard dans les cultes. C'est essentiellement là-dessus que s'appuie la piété des païens *(ethnicorum)*.

Mais en ce qui concerne le reproche fait aux dieux païens d'avoir commis l'adultère et perpétré des crimes de sang, des érudits parmi les païens ont depuis longtemps montré que ces choses doivent être comprises de façon mystique. On trouve aussi des choses analogues

1. La version allemande dit : *Wesen*, être, essence ; la latine : *Ens supra hominem, per naturam suam elevatum, debere esse unum.*

dans d'autres religions : la répression imposée à de nombreuses tribus par Moïse et Josué fut exécutée sur ordre de Dieu ; le Dieu d'Israël avait aussi imposé à Abraham un sacrifice humain. Ce dernier n'a pas été mené à bien, mais en aucun cas il n'aurait pu ordonner ou faire croire sérieusement à Abraham que c'était un ordre, si cela avait totalement et en soi contredit l'essence de Dieu. Mahomet promet la terre entière à qui adopte sa superstition. Et les chrétiens prophétisent partout l'écrasement de leurs adversaires et la soumission des ennemis de l'Église, chose qui, depuis que les chrétiens se sont mis à s'occuper des affaires de l'État, n'est pas de peu d'importance. La polygamie n'est-elle pas permise par Mahomet, Moïse et, comme on l'affirme en partie, dans le Nouveau Testament lui-même ? Dieu, sous la forme du Saint-Esprit, n'a-t-il pas engendré le fils de Dieu par une singulière alliance avec une jeune fille déjà fiancée ?

Tout ce qu'on a l'habitude de reprocher aux païens, ce ridicule honneur rendu aux idoles et ce mauvais usage du culte, n'est pas si important qu'on ne puisse aussi reprocher la même chose aux disciples des autres religions. Mais ce mauvais usage vient davantage des prêtres que des fondateurs de la religion, davantage des élèves que des maîtres, comme il est facile de le démontrer.

D'ailleurs, pour revenir à ce qui était dit précédemment, cet Être[1] qui impose une limite au processus de la pensée, les uns l'appellent *Nature*, les autres *Dieu*. Certains lui font allégeance, d'autres font des différences. Certains rêvent de l'éternité des lointains et appellent *Dieu* la connexion des choses ; certains veulent comme *Dieu* un Être *dissociable (Ens separatum)* que l'on ne peut ni voir ni saisir, même si, chez eux aussi, les contradictions abondent. La religion, pour autant qu'elle concerne cette faille, les uns veulent la voir dans la peur de puissances invisibles, d'autres dans l'amour. Mais lorsque ces puissances invisibles se révèlent fausses, chacun des deux partis est alternativement accusé par l'autre d'idolâtrie, suivant leurs principes respectifs.

L'amour, disent-ils, naît de la bienveillance et il le rapporte à la gratitude alors qu'il jaillit le plus souvent de l'harmonie des humeurs vitales. Et les bonnes actions faites par des ennemis suscitent une haine encore plus forte, même si aucun de ces hypocrites ne veut en convenir. Car qui voudrait affirmer que l'amour vient de la bienveillance de celui qui a attribué à l'homme les pulsions du lion, de l'ours et d'autres animaux sauvages pour l'affubler d'une nature opposée au penchant du créateur ? Qui, connaissant parfaite-

1. Allemand *sein* ; latin : *hoc ens.*

ment la faiblesse de la nature humaine, aurait placé les êtres humains devant ce fameux arbre par lequel il se serait chargé de la faute, comme il le savait, pour leur perte et (comme certains le veulent) celle de toute leur descendance? Et pourtant ils doivent être tenus à la vénération et la gratitude pour un sublime bienfait? « Ce serait là la volonté d'un Ithaquien... » Prends une arme, par exemple une épée, et à supposer que tu puisses très exactement prévoir (c'est justement cette façon de prévoir que certains ne veulent pas attribuer à Dieu, dans la mesure où elle concerne le hasard et le possible) que celui à qui tu la présenteras la saisira pour faire subir à toute sa descendance une mort terrible, on peut s'attendre que tout individu ayant encore un tant soit peu d'humanité reculera devant l'exécution d'un tel crime. Prends, dis-je, une épée, toi qui es père ou ami, et donne-la à ton ami ou tes enfants, si tu es un vrai père ou un véritable ami, en les mettant expressément en garde et en disant qu'ils ne doivent pas se précipiter dessus, bien que tu prévoies que cela va quand même arriver ou que cela va conduire à un terrible bain de sang parmi ses proches, innocents de surcroît! Réfléchis! Pourrais-tu, toi qui es père, agir ainsi? Quel jeu faut-il interdire, si ce n'est celui-ci? Et pourtant il a fallu que Dieu le prescrive.

On doit honorer ce dernier, disent-ils, en raison de sa bienveillance; ils disent en effet que si un Dieu existe, il doit aussi être honoré. Ils peuvent tout aussi bien en déduire : il existe un grand Mongol et il faut donc l'honorer. D'ailleurs, ses disciples l'honorent, mais pourquoi ? Simplement pour satisfaire son arrogance sans borne et celle de ses potentats, rien d'autre. La vénération vient essentiellement de la crainte éprouvée devant sa puissance visible (c'est pourquoi elle disparaît d'ailleurs après sa mort) et de l'espoir d'une récompense. Cette vision des choses prévaut quand il s'agit d'honorer ses parents et d'autres personnes. Or, comme les puissances invisibles sont considérées comme plus puissantes et plus importantes que les puissances visibles, ils pensent qu'elles doivent être honorées davantage. Mais ici, disent-ils, Dieu doit être honoré à cause de l'amour. Mais quel est cet amour qui livre une descendance innocente à une faute sans borne à cause de la faute d'un seul homme, que l'on pouvait certainement prévoir et donc aussi prédéterminer (du moins par une prédétermination sur la base de la permission) ? On dit qu'ils doivent être sauvés. Mais comment ? Le père livre un fils au malheur le plus extrême pour livrer l'autre à des tourments qui ne sont pas moindres afin de sauver le premier.

C'est une chose que ne connaissent même pas les barbares. Mais pourquoi Dieu doit-il être aimé, pourquoi doit-il être honoré ? Parce qu'il nous a créés. Dans quel but? Pour que nous succombions au péché ; car il a sûrement prévu qu'ils tomberont, et a disposé la pomme défendue comme un moyen sans lequel ils n'auraient pu tomber. Malgré tout, il faut l'honorer parce que tout, l'*Origine* et aussi, comme d'autres l'ajoutent, l'*Être* et le *Maintenir* dépendent de lui.

Dans quel but Dieu doit-il être honoré ? Est-il lui-même dépendant de ces honneurs rendus ou est-il ainsi amadoué ? Les choses sont pourtant ainsi : les parents et les bienfaiteurs sont honorés chez nous. Mais quelle est la signification de cet honneur rendu ? La société humaine veille à ses besoins réciproques, et l'honneur rendu vient de l'idée que celui qui occupe une position élevée et importante est capable de nous soutenir. Mais personne ne veut soutenir l'autre sans une aide correspondante, même pour un besoin particulier. Reconnaître une bonne action est aussi appelé gratitude, laquelle exige une prise en compte plus forte de sa bonne action. Et, afin qu'il soit fêté en conséquence, l'autre doit être à sa disposition comme un serviteur, pour susciter aussi chez les autres la gloire et l'aura de magnanimité. Certes, nous sommes titillés par l'opinion des autres qui dit que nous sommes capables de soutenir en cas de nécessité l'individu isolé ou la communauté ; on se sent grandi comme un paon qui fait la roue et cela va si loin que l'on compte la magnanimité au rang des vertus. Mais qui ne reconnaît pas là l'imperfection de notre être ? Or qui peut dire que Dieu, le plus parfait d'entre tous, a besoin de quelque chose ? Mais si Dieu est prétendument parfait, se suffisant déjà à lui-même, face à tous les honneurs et par-delà tous les honneurs extérieurs, qui peut alors dire qu'il a besoin de quelque chose de semblable, à moins que l'on affirme qu'il a un besoin allant dans ce sens. L'exigence d'honneur est un signe d'imperfection et de faiblesse.

Quelques individus en appellent au jugement unanime de tous les peuples sur ce point après avoir parlé avec quelques-uns de leurs compatriotes – pas tous – ou avoir lu trois ou quatre livres témoignant de cet ensemble. Mais ils ne prennent pas en compte le fait de savoir dans quelle mesure l'auteur est informé des mœurs de l'humanité dans son ensemble, et ces individus naïfs ne connaissent pas non plus tous les auteurs. Il faut bien voir qu'il s'agit ici de la question de l'honneur rendu à Dieu qui a son fondement en Dieu lui-même et dans ses œuvres mais pas uniquement dans un quelconque intérêt d'une quelconque communauté humaine. Car il n'y a personne pour ne pas se rendre compte que c'est surtout dans l'intérêt des puissants et des riches que l'on accorde quelque crédit extérieur à la religion pour affaiblir le côté indomptable du peuple.

Qui du reste voudrait croire, s'il se soucie de la question envisagée, que dans le bastion de la religion chrétienne, en Italie, se cachent tant de libres-penseurs et, pour être encore plus précis, d'athées, et qui, s'il le croit, pourrait encore affirmer que c'est le jugement unanime de tous les peuples : *que Dieu existe et qu'on doit l'honorer ?* C'est du moins la conception des gens raisonnables, objecte-t-on. Mais qui sont ces gens raisonnables ? Ce sont nous, le grand prêtre, les augures et ceux qui interprètent chez les Anciens le vol des oiseaux, Cicéron, César, les princes et leur cohorte de prêtres, etc. Mais comment constater qu'ils pensent bien comme ils disent et qu'ils ne font pas semblant de croire à de telles choses dans leur propre intérêt uniquement ? Car ces gens qui tiennent le gouvernail de l'État se procurent, sur le dos du peuple crédule, des revenus qui correspondent à leur luxe ou le dépassent en brandissant la menace d'un pouvoir et d'un châtiment suprême venus de puissances invisibles et en feignant, de temps à autre, avoir une relation et des liens intérieurs avec ces dernières. Rien d'étonnant donc que ces prêtres enseignent ce genre de chose, car c'est l'idée centrale qui sous-tend leur propre train de vie. Telles sont donc les réflexions des « gens raisonnables ».

Il se peut que cet univers dépende de la

direction qui lui a été donnée par la cause première du mouvement et ce sera effectivement la première dépendance. Qu'est-ce qui nous empêche en effet de nous représenter le premier ordre[1] de Dieu de façon telle que tout se poursuit selon un cours, une fois prédéterminé, jusqu'à une frontière déterminée d'avance, s'il a eu l'intention d'en déterminer une d'avance ? Seront alors évacués souci, dépendance ou soutien ; il était au contraire en mesure de donner, dès le début, à chaque chose prise séparément, une force suffisante. Et pourquoi ne devrait-on pas croire qu'il n'a pas fait ça ? On ne peut croire en effet qu'il ne cesse d'examiner toutes les matières fondamentales et les parties de l'univers, comme un médecin examine un malade.

Que doit-on dire maintenant sur le témoignage de la conscience ? D'où viendrait ce fameux sentiment de peur quand on commet de mauvaises actions, si l'on ne savait pas qu'existe au-dessus de nous un gardien et un vengeur à qui déplaisent ces crimes, dans la mesure où ils vont totalement à l'encontre de l'honneur qu'on lui rend ? Je n'ai ni l'intention de rechercher plus avant l'essence du bien et du mal, pas plus que les dangers en ayant

1. Au sens non de commandement mais de mise en ordre.

recours à des jugements précipités, ni les insuccès, ayant trop peur des idées préconçues. Je dis seulement ceci : cette conscience vient de ce que justement toutes les mauvaises actions reposent sur le fait que la volonté unitaire d'assistance, en cas de besoin réciproque qui maintient en fait la cohésion de l'espèce humaine, est pourrie et corrompue. Cela vient en outre du fait que quelqu'un qui encourage plutôt qu'il évite ce besoin d'entraide passe pour détestable aux yeux de l'opinion publique. Il en découle qu'il redoute lui-même de s'attirer l'antipathie et le mépris des autres, ou de subir un refus analogue quand il aura lui-même besoin d'aide, ou de perdre son pouvoir d'aider les autres et surtout lui-même, dans la mesure justement où il est obligé de redouter d'être dépossédé par les autres du pouvoir de nuire à d'autres.

Mais, dit-on, ceux qui ne possèdent pas la lumière de la Sainte Écriture agissent sur la base d'une lumière naturelle correspondant à la voix de leur conscience, ce qui montre bien que Dieu a donné à l'esprit humain en général certaines étincelles de sa connaissance et de sa volonté. Et celui qui agit selon ce qui lui a ainsi été donné agit correctement, on peut le dire. Et qu'est-ce qui pourrait être le sens de ces fameux commandements qui veulent que l'on honore Dieu, si ce n'est celui-ci? On discute d'ailleurs avec force arguments sur le fait de savoir si les animaux aussi agissent sous la conduite de la raison ; mais la chose n'est pas encore décidée et c'est pourquoi je m'abstiendrai d'entrer dans ce débat. Qui t'a dit que cela ne serait pas possible, ou qu'un animal éduqué avec délicatesse ne peut pas de temps en temps surpasser en intelligence et en capacité de jugement un individu grossier et sans expérience ? Mais, pour en rester à notre propos, la plus grande partie des oisifs qui avaient le temps de réfléchir à des choses par trop précises qui dépassaient l'entendement commun a, pour satisfaire son arrogance et prouver son utilité, concocté un système de règles pour lequel jamais un Thyrsis ou un Alexis ne trouveront de temps vu qu'ils doivent s'occuper de leur bétail et veiller à leur agriculture. C'est pourquoi ces derniers accordent leur confiance à ces ratiocineurs oisifs comme des gens qui sont plus intelligents et, il faut l'ajouter, plus capables de faire impression sur ceux qui n'ont pas d'éducation. Or donc, mon cher Alexis, va-t'en honorer le dieu Pan, les dieux de la forêt, les satyres, Diane, etc. ! Car ces grands philosophes te feront connaître le rêve de Pompilius, ils te raconteront ses joies de l'amour avec la nymphe Égérie et voudront même par là t'obliger à les honorer ; et en récompense de leur soutien, pour la réconciliation avec ces fameuses puissances invisibles et leur faveur, ils réclameront en sacrifices les meilleures bêtes de tes troupeaux et la sueur de ton front. Et ce serait parce que Titius a honoré Pan, Alexis les faunes, Rome le dieu Mars et Athènes des dieux inconnus qu'il faudrait croire que tous ces braves gens ont eu, par une illumination intérieure, ce genre de connaissances qui se présentent comme une fade invention de spéculateurs et un artifice, pour ne parler en termes encore moins doux contre les religions des autres.

Et pourquoi cette raison n'a-t-elle pas expressément constaté qu'ils sont dans l'erreur dans leur façon de rendre des honneurs, en honorant de façon ridicule des images et des pierres qui seraient les résidences de leurs dieux ? Faudrait-il, parce que de braves petites vieilles honorent ainsi saint François, Ignace, Dominique et d'autres, croire vraiment que c'est là un précepte de la raison qu'il faille honorer au moins un de ces saints et que ces femmes se sont aperçues, par une illumination intérieure venue grâce au pouvoir d'un être suprême et invisible, qu'il fallait les honorer ? Alors qu'il ne s'agit que de l'invention de nos prêtres oisifs qui font ça pour accroître considérablement leur train de vie.

Il n'y a donc pas de Dieu ? Je veux bien qu'il y en ait un, si vous voulez. Alors il faut aussi l'honorer ? Mais cela ne vient pas de ce qu'il souhaite être honoré mais parce qu'il l'a inscrit dans notre cœur. Et ensuite ? Nous allons donc suivre notre nature qui nous guide. Mais celle-ci n'est-elle pas imparfaite ? De quel point de vue ? Elle suffit bien à maintenir la cohésion de la communauté humaine dans un calme suffisant. Car même d'autres hommes religieux qui suivent la révélation ne mènent pas une vie plus heureuse. Mais ce que Dieu exige de nous est d'une importance plus grande, surtout la connaissance exacte de Dieu[1], de sa propre essence. Même si tu en fais le vœu, tu ne peux pas t'en porter garant, quelle que soit la religion à laquelle tu appartiens. Ce qu'est vraiment Dieu reste, quelle que que soit la forme de révélation, encore plus indistinct qu'avant. Comment veux-tu, avec les moyens de la raison, définir plus distinctement ce qui met une limite à toute raison ? Que penses-tu de ceci : personne n'a jamais rencontré Dieu, aucun œil ne l'a vu, il habite dans une lumière inaccessible et reste aujourd'hui encore, en dépit de la révélation, un mystère ? Chacun comprend nettement, je crois, ce mystère. Mais comment peux-tu savoir que Dieu exige de telles choses ? Peut-être par le désir de l'entendement de surmonter les limites qui lui sont imparties et de tout comprendre de façon plus complète que ça ne l'est en réalité ? Ou par quel autre expédient ?

1. In primis cognitionem Dei exactiorem.

Par une révélation particulière ? Qui es-tu pour dire ça ? Grand Dieu ! Quel imbroglio de révélations ! Tu cites les oracles de païens ? Dont déjà l'Antiquité s'est moquée. Les témoignages de tes prêtres ? Je peux te présenter des prêtres qui disent le contraire. Vous vous chamaillerez ! Mais qui sera juge ? Quel est le terme de la dispute ? Tu cites les écrits de Moïse, des prophètes et des apôtres. Le Coran s'oppose à toi ; sur la base d'une nouvelle révélation, il considère cela comme une falsification et son auteur se réfère à une intervention divine par des miracles quand il se targue de réduire par l'épée les déviances et les querelles des chrétiens, comme Moïse celles des païens. Car c'est par la violence que Mahomet a mis sous le joug et c'est aussi par la violence que l'a fait Moïse de Palestine, et tous les deux y ont été poussés par de grands miracles. Et les adeptes de ces sectes, comme les védiques et les brahmanes, près de MCCC siècles avant nous, nous opposent des ouvrages entiers, sans parler de la Chine. Toi qui te caches ici dans un coin de l'Europe, tu n'y prêtes pas attention et tu le nies : vois toi-même ! De quel droit ? Car les autres peuvent aussi facilement refuser tes conceptions. Quels miracles les habitants de la Terre ne pourraient-ils pas tirer, pour être convaincus, des trois premiers livres des Veda, si quelque fils de Dieu jaloux ne les avait pas volés ! Ils pourraient y apprendre que le monde est né de l'œuf d'un scorpion, que la Terre repose sur la tête d'un taureau, ainsi que tous les éléments fondamentaux des choses. Les nôtres en riraient, alors que ce serait pour eux un nouvel argument pour assurer leur religion ; mais pas si cela n'avait pas sa base dans le cerveau de leurs prêtres. Mais d'où viennent sinon ces monstrueux volumes et ces convois pleins de mensonges sur les dieux des païens ? Moïse a été plus avisé, lui qui, d'abord formé dans les arts des Égyptiens, c'est-à-dire dans l'art des étoiles et de la magie, a chassé ensuite par la violence des armes les souverains de Palestine et qui finalement, sous prétexte d'une discussion – à l'exemple de Pompilius –, a gagné l'armée à son projet et l'a conduite à s'en prendre à ce qui appartenait à des individus pacifiques. Et tout cela afin de devenir lui-même un grand chef de guerre et de faire de son frère un grand prêtre, pour devenir lui-même prince et dictateur d'un grand peuple. D'autres sont parvenus par des moyens plus habiles en trompant le peuple sous le masque d'une profonde sainteté (je n'ai pas le cœur à en faire la liste), en recourant à leurs adeptes pour gagner à leur cause, par une pieuse tromperie, dans des lieux cachés, la masse sans expérience des païens et ensuite les souverains haïs de ce peuple qui redoutaient la force de cette religion qui montait. Un autre finalement a gagné à sa cause, en faisant miroiter des miracles, les peuples belliqueux et sauvages de l'Asie qui avaient été maltraités par des empereurs chrétiens ; et en promettant un grand nombre de bienfaits et de victoires, il a soumis les princes soit désunis, soit prêts à faire la paix et a assuré sa religion par le sabre. Comme le premier passe pour le réformateur du paganisme, le deuxième du judaïsme et le troisième comme le réformateur des deux religions, reste à savoir qui un jour corrigera Mahomet et l'Islam.

Comme on peut le voir donc, la crédulité des hommes est soumise à certaines mystifications ; et quand elle est dévoyée sous couvert d'utilité, on dit à juste titre qu'il s'agit d'une *tromperie.* Il serait trop long d'expliciter ici son essence et ses manifestations et j'y répugne. Il faut du reste noter que l'on tolère certes une religion naturelle et une dose correspondante d'honneurs rendus à Dieu, pour autant que cela soit prescrit par la nature, mais que tout nouveau fondateur d'une religion est suspect de *tromperie,* surtout à cause du fait que tout le monde reconnaît clairement toutes les falsifications survenues quand il s'est agi de répandre une religion. On le voit bien par ce que nous avons déjà dit et on va le voir par ce qui suit.

L'objection déjà citée reste donc entière : *une religion et une façon d'honorer Dieu qui suit l'intui-*

tion intérieure est en harmonie avec la vérité et le droit. Qui veut donc établir de nouveaux statuts religieux échappant à ce cadre, en s'appuyant pour cela sur l'autorité d'une puissance invisible plus haute, doit nécessairement prouver clairement sa capacité de réforme, s'il ne veut pas être considéré par tout le monde comme un *trompeur* qui se moque de la conception admise par tous, sans s'appuyer sur les conséquences tirées de la raison naturelle ou sur l'autorité d'une révélation particulière. Il doit en outre être sans reproche dans sa façon de vivre et être ainsi jugé digne par la foule qui acceptera ainsi un être vraiment supérieur et de nature sacrée et divine, à qui on ne peut rien reprocher d'impur ; et pourtant, de telles choses, sa profession de foi personnelle, sa vie jusque-là parfaitement pieuse ou quelque autre miracle, c'est-à-dire des *faits exceptionnels,* ne peuvent encore à elles seules prouver sa mission. Car on trouve cela plutôt chez les artificieux *(artificiosus)* et les trompeurs parmi les hommes et chez les hypocrites menteurs qui veulent tirer de ces choses un avantage et une gloire. On ne doit pas non plus surestimer le fait que certains, dans leur éblouissement, sont allés jusqu'à chercher volontairement la mort pour faire croire qu'ils méprisaient vraiment tout ce qui était terrestre, comme quelques anciens philosophes. Il ne faut pas croire non plus qu'ils aient été aidés par quelques singulières forces divines dans ce qu'ils ont proposé à partir d'une idée vide et d'une croyance imaginaire en des montagnes d'or par leur manque de jugement. Ils n'ont en effet pas suffisamment jugé le problème ou ils ne sont pas de vrais érudits. Je le dis : pour bien les trouver, il ne faut pas se contenter de leur propre témoignage, il faut aussi les comparer entre eux et avec d'autres témoins, autant proches et connus que lointains et inconnus, autant amis qu'ennemis. Et ce n'est qu'une fois qu'on aura récolté tous ces témoignages, autant celui du maître sur lui-même que ceux des autres, que l'on pourra se faire une idée de la vérité de cette chose. Si ces témoins nous étaient inconnus, il faudrait interroger des témoins de ces témoins – et ainsi de suite. Il faudra aussi vérifier sa capacité de jugement et examiner si tu es capable de distinguer le vrai du faux qui est proche de la vérité mais se cache sous telle ou telle apparence. Il faut aussi bien examiner d'où il tire ces caractéristiques d'après lesquelles il reconnaît la vérité. Enfin, il y faut adjoindre le jugement d'autres personnes et constater quelles conclusions ils tirent d'une telle argumentation et de tels témoignages. Et ce n'est qu'à partir de là que l'on pourra constater s'il est un vrai annonciateur de la volonté divine de révélation comme il l'affirme et s'il faut absolument suivre son commandement. Mais il convient d'être très prudent pour ne pas tourner en rond avec ces déductions.

C'est dans l'essence des religions les plus importantes que l'une serve de base à l'autre, comme Moïse et le paganisme, le Messie et le judaïsme, Mahomet et le christianisme, et que la doctrine qui vient après ne réprouve pas toujours et totalement mais seulement en partie la précédente et utilise une part de ses restes pour se fonder elle-même, comme l'ont fait Moïse et Mahomet.

Voilà pourquoi il ne faut pas seulement examiner soigneusement la dernière, celle du milieu ou la première, mais toutes les religions les unes après les autres, surtout que celles dont il est question sont accusées de *tromperie* par les autres comme les anciennes par Moïse qui les accusait d'avoir perverti la loi, les chrétiens par Mahomet qui les accusait d'avoir déformé l'Évangile. Rien d'étonnant déjà à ce que les différentes sectes chrétiennes se soient mutuellement accusées d'avoir falsifié le texte du Nouveau Testament. Pour pouvoir constater si celui qui est présenté comme digne d'être suivi est bien le guide d'une vraie religion, il convient d'entendre tous ceux qui ont prétention à l'être. Et lors de cet examen, il ne faut sauter aucune secte mais considérer chacune sans préjugé, car si l'on en saute une, c'est peut-être celle justement qui est plus vraie que les autres. Ainsi, selon la doctrine chrétienne, est dans la vérité celui qui est un disciple de Moïse, mais il ne peut en rester là, il doit aussi s'interroger sur la vérité de la religion chrétienne.

Chaque secte assure que tous les bons professeurs sont avec elle et qu'il n'y en aurait pas de meilleure, chose qu'ils auraient déjà abondamment prouvée et prouveraient encore chaque jour. Partant, soit on doit accorder foi à toutes, ce qui est ridicule, ou à aucune, ce qui à tout le moins est plus sûr, tant qu'on n'a pas trouvé le vrai chemin ; dans la comparaison, on ne doit sauter aucune secte.

Cela n'est pas en contradiction avec le fait qu'on n'est pas obligé de convoquer tous les mathématiciens pour savoir que deux fois deux font quatre. Car ici l'enjeu est différent et l'on n'a encore vu personne mettre en doute que deux fois deux font quatre, alors que les religions ne sont d'accord ni sur leur but, ni sur leurs principes fondamentaux, ni sur la façon de leur propagation religieuse. Supposons que je ne connaisse pas le bon chemin pour mon salut et que j'adopte entre-temps la religion des brahmanes ou le Coran, Moïse et les autres ne vont-ils pas dire alors : que t'a-t-on fait de mal pour que tu nous réprouves, alors que nous sommes meilleurs et plus vrais ? Que répondrons-nous ? Je crois à Mahomet et aux gymnosophistes dans la doctrine de qui je suis né et ai été élevé et grâce à la doctrine de qui j'ai reconnu que ta religion et la religion chrétienne qui a suivi sont depuis longtemps dépassées et perverties et que toutes deux sont même corruptrices. Ils répondront qu'ils ne savent rien de ces doctrines et que l'autre ne sait rien du vrai chemin qui mène au salut, qu'ils savent seulement qu'il y a des séducteurs et des *trompeurs*[1] qui appâtent le peuple avec des miracles inventés et des mensonges. Il n'est pas permis d'accorder foi aussi simplement à un individu et à une direction religieuse et de rejeter toutes les autres, sans les examiner comme elles le méritent. Avec le même droit, l'Éthiopien, que le destin n'a jamais fait sortir de chez lui, pourrait tout aussi bien dire qu'il n'y a que des gens noirs de peau sous le soleil.

Il faut en outre faire attention, quand on examine les autres systèmes religieux, à appliquer le même soin dans l'examen, ne pas trop éclairer l'une et effleurer simplement les autres et laisser le reste sans s'en occuper, simplement parce que l'une ou l'autre particularité, à la première impression, apparaît fausse ou parce que circulent des rumeurs mauvaises quant à la réputation du fondateur de la religion en ques-

1. Les deux termes accolés désignaient Don Juan au XVIIe siècle.

tion. Il ne faut pas non plus prendre d'emblée pour un dogme ou un témoignage irréfutable ce que le premier vagabond venu rapporte sur une religion qu'il déteste. Si l'on s'en tenait à la réputation générale de la religion chrétienne, et au simple énoncé de son nom, elle serait à bon droit pour les uns une épouvante et pour les autres un sujet de moquerie. Ceux-ci croient savoir que les chrétiens adorent une tête d'âne, ceux-là qu'ils mangent et boivent leurs dieux, etc., ce qui en ferait tirer la conclusion qu'un chrétien est assimilable à un ennemi mortel de DIEU et des hommes. De tels récits sont pourtant des malentendus ou des mensonges excessifs qui proviennent et sont entretenus en partie par le fait que les détracteurs de cette religion ne s'entendent pas du tout ou pas comme il faut avec les chrétiens eux-mêmes et en particulier avec les érudits en leur sein, mais accordent foi au premier ignorant venu qui ne sait rien sur cette religion, à un traître ou un ennemi de cette religion. La méthode d'investigation étant liée à tant de difficultés – que dire alors des femmes, des enfants et d'une majorité du peuple simple ? Pour apprendre des choses sûres sur leur religion, on tiendra à l'écart les enfants et la majorité des femmes pour qui ce qui peut être aussi clairement déduit que possible des fondements d'une religion reste obscur. Rien qu'à leur façon de voir, on peut déjà se rendre compte qu'à de rares exceptions près, ils n'ont aucune possibilité de pénétrer de façon raisonnable les mystères de la religion. Sans parler de la masse infinie du peuple simple ou des paysans qui se soucient d'abord de subvenir à leurs besoins et qui acceptent ou rejettent tout le reste de façon crédule. Il ne reste donc dans le monde qu'une très petite partie pour juger de toutes les religions, comparer attentivement avec elles la sienne propre et bien faire la distinction entre la vérité et le mensonge sur des détails qui peuvent tromper; or la majorité des gens se contente, comme souvent, de croire les professeurs de théologie dont la science et le jugement sont connus en matière de religion.

Et c'est ainsi qu'agissent dans chaque religion ceux qui ne savent ni lire ni écrire ou ne disposent pas de ce qu'ils pourraient lire. Mais il faut aussi constater qu'il ne suffit pas, sur ce point, que seuls les professeurs d'une religion disposant de façon suffisante d'un jugement exact et d'une expérience reconnue comme sûre fassent la distinction entre le vrai et le faux, car, pour les autres, il faut que ce soit une chose sûre et reconnue qu'ils aient non seulement la capacité mais aussi la volonté de distinguer le vrai du faux. Certes, il nous faut être assurés en premier lieu que celui qui se réfère ici à son savoir et à sa volonté n'est pas lui-même trompé ou n'a pas l'intention de tromper.

Et quel choix ferons-nous ici, puisque les maîtres d'une religion donnée divergent tant les uns des autres ? Lorsque nous voyons un dignitaire et un croyant diverger déjà dans leur point de vue alors qu'ils sont bons amis par ailleurs, c'est que l'un des deux a un manque de capacité quelconque, soit qu'il ait une connaissance fausse de la chose et qu'il manque de discernement, soit qu'il ne veuille pas céder et n'a donc pas la volonté d'avouer la vérité. Même s'il s'agit là de questions secondaires, on peut quand même se poser des questions pour ce qui est des autres problèmes, car, dans les deux cas, il n'y a qu'une vérité et qui s'en éloigne sur un seul point, soit par manque de discernement, soit par mauvaise volonté, devient à bon droit suspect, même en ce qui concerne les autres questions.

Donc, pour pouvoir juger de la capacité et de l'honnêteté d'un érudit de la religion, tu dois avoir les mêmes capacités que lui, sinon il te roulera dans la farine. Et si, en plus, tu ne le connais pas du tout, il utilisera les témoignages d'autres individus qui à leur tour utiliseront les témoignages d'autres, et ce jusqu'à l'infini. On a besoin de tels témoignages, non seulement pour savoir qu'il a enseigné la vérité mais aussi pour connaître son degré d'honnêteté et s'assurer qu'il a agi sans chercher à tromper. Quant aux témoins, il faudra procéder aux mêmes examens pour ce qui est de leur honnêteté et de leur propos. Mais où trouveras-tu une fin à tout ça? Il ne suffit pas que d'autres aient déjà discuté là-dessus, il faut surtout examiner la bonne façon dont cela a été fait. En général, les preuves qui sont publiquement avancées sont en effet ni sûres ni crédibles et elles prouvent souvent des choses douteuses par des choses encore plus douteuses. Et à l'exemple de ceux qui tournent en rond, tu finiras toujours par revenir à l'endroit d'où tu es parti[1].

Pour savoir si quelqu'un enseigne vraiment une religion ou est un trompeur, nous avons besoin soit de notre propre expérience, qui nous manque justement pour les trois grands fondateurs de la religion juive, chrétienne ou musulmane, parce qu'ils sont très éloignés dans le temps ou morts depuis longtemps déjà; ou alors nous avons besoin d'une expérience extérieure que nous appelons alors témoignage quand quelqu'un nous la communique. Il reste encore une voie médiane: comprendre quelqu'un par ces écrits, ce que l'on peut appeler autotémoignage d'un individu. Mais, dans cette perspective, il ne nous a rien été transmis par Jésus-Christ. On peut douter de ce qui nous a été transmis par Moïse. Pour Mahomet, on a le Coran. Les autres témoignages proviennent soit d'amis, soit d'ennemis. Il

1. Le manuscrit de Vienne finit ici.

n'y a pas de troisième voie, selon la maxime souvent citée: «Qui n'est pas pour moi est contre moi.» En ce qui concerne l'autotémoignage, Mahomet revendique dans ses écrits la mission divine et se la partage avec Moïse comme avec les autres. Pour le reste, les amis et les disciples de Mahomet ont écrit sur lui la même chose que les adeptes des autres religions sur les fondateurs de leur religion; les ennemis des autres religions ont écrit autant de méchancetés sur elles que ses amis sur la leur. De ce fait, les autotémoignages de n'importe qui sont trop incertains pour être vraiment crédibles et ils n'ont aucune signification si ce n'est celle de troubler complètement un auditeur vierge de toute idée.

Les explications des amis ont la même valeur minime, vu qu'ils parlent la même langue que lui. Il ne faut pas non plus prêter l'oreille aux détracteurs parce qu'ils soutiennent des intérêts différents. Même si ces derniers ne sont pas patents, chaque adepte de l'une des trois religions prend comme base ce genre de réflexions irréfléchies pour accuser de tromperie son ennemi et affirmer que ses propres principes correspondent totalement à la vérité; c'est seulement par leur célébrité ou par les explications des amis ou par le discrédit où ils jettent leurs ennemis qu'ils sont confortés dans leur point de vue; on n'en considère pas moins chez nous Mahomet pour un trompeur. Mais pourquoi?

Pas seulement à cause de son propre témoignage ou celui de ses amis mais à cause des témoignages de ses ennemis.

Pour les musulmans, par contre, il passe pour le plus saint des prophètes. Cela vient de son autotémoignage et surtout du témoignage de ses amis. Ceux qui considèrent Moïse pour un trompeur ou un maître sacré procèdent de la même façon. Et c'est ainsi que la façon de prouver une accusation de tromperie tout comme la façon de se défendre contre ce reproche chez Mahomet est la même que chez les autres, même si ceux-ci passent pour des saints et que le premier, contre toute justice, est pris pour du vent. Selon l'usage scolastique, on peut en déduire de façon sûre les choses suivantes.

Tous ceux chez qui on trouve à la base de l'accusation de tromperie ou de la défense contre ce reproche le même étalon que dans le cas de Mahomet sont à ranger en toute justice dans la même catégorie[1].

Or le même étalon vaut pour Moïse ; en conséquence

On doit lui rendre la même justice qu'à Mahomet et ne pas le tenir pour un trompeur.

1. La suite du texte forme un brouillon ou un ensemble de notes peut-être destinées à un développement futur mais que l'auteur interrompt assez abruptement : en voilà assez sur ce sujet !

Cette mineure est prouvée pour ce qui touche au reproche de tromperie : on se réfère aux auto-témoignages *(testimonia de se ipso)*, mentionnés plus haut, de Mahomet mais aussi de Moïse qui écrit bien sur lui-même, comme aux témoignages des amis de leur maître. Partant, il faut nécessairement en tirer les conséquences suivantes.

I. Il faut accorder aux amis de Mahomet la même force de preuve qu'ont les amis de Moïse voulant se justifier contre le reproche de tromperie.
Mais par leurs témoignages favorables ils ont la force de se libérer de cette accusation... ; en conséquence de quoi on doit... etc.

II. Le Coran aura la même force de preuve que les livres de Moïse cités à cette fin.

Mais... ; en conséquence de quoi... *(Atqui. Ergo)*

Il faut ajouter à cela que les musulmans tirent des livres du Nouveau Testament (même si, à leur avis, ceux-ci sont falsifiés par ailleurs) différents arguments valables aussi pour leur Mahomet, en particulier cette prédiction du Christ sur le Consolateur futur. Ils disent que celui-ci est maintenant arrivé et a dévoilé la falsification des chrétiens et a créé une nouvelle alliance. Et si, d'un autre côté, on accuse le Coran de contenir de nombreuses histoires niaises, inventées, voire choquantes, on peut tout aussi bien les interpréter et adoucir dans un sens spirituel ou autre. D'autant plus que, pour le reste, elles prescrivent une profonde attitude religieuse, l'observation de stricts préceptes moraux, préconisent une abstinence par rapport au vin. Si l'on objecte que le vin est un don de Dieu, on ne peut que répondre : les poisons aussi sont des dons de Dieu et pourtant on ne peut les boire. Ce que l'on reproche plus généralement au Coran, qu'il serait par trop plein de concupiscence et remplirait la vie éternelle de plaisirs corporels, du fait qu'il autorise sans limitation la polygamie, on doit dire que ce n'est pas si important qu'il faille le condamner pour cela. Car Moïse aussi a autorisé la polygamie et dans le Nouveau Testament la vie éternelle autorise la beuverie, par exemple : « Vous vous allongerez à table avec Abraham et Isaac, etc. » ; ou bien : « Je ne savourerai le vin que lorsque je serai au royaume de mon père. » En ce qui concerne le Cantique des cantiques, il n'y a rien à citer, vu qu'on a déjà dit que toutes ces choses étaient bonnes au sens spirituel et ne contenaient rien de mal. Or le Coran n'a pas été vu sous cet angle. Et si nous sommes très sévères contre les paroles du Coran, il faut appliquer la même sévérité aux écrits de Moïse et des autres. Les arguments qui sont cités dans Moïse, même pour se défendre du reproche de tromperie, ne semblent pas avoir le poids adéquat et nécessaire.

I. Les relations de Moïse à Dieu ne se fondent que sur son autotémoignage ou le témoignage de ses amis et il ne faut pas leur accorder plus d'importance qu'aux arguments semblables des musulmans sur la conversation de Mahomet avec Gabriel. Et plus important encore, ces relations justement de Moïse avec Dieu tirées de son autotémoignage (si tout vient bien de Moïse, comme on le dit en général) sont suspectes de tromperie, comme on le verra plus loin.

II. On ne peut le créditer si facilement de sainteté et personne ne pourra facilement ou du moins à bon droit le prétendre, s'il connaît les terribles crimes commis par Moïse. Ce sont :

a) Une razzia pour laquelle ses amis ont trouvé des excuses. Mais ils ne sont pas les mieux placés pour juger ces choses ; et même un passage favorable chez Luc ne peut être une caution, car l'honnêteté et la véracité de ce témoin restent contestées.

b) Déclenchement d'une révolte ; car on ne peut prouver que celle-ci a été déclenchée par Dieu ; on peut au contraire bien voir, par d'autres passages, que celui-ci interdit de se soulever contre les princes[1].

1. Faut-il entendre ici une allusion à Luther qui prendra le parti des princes et les appellera à massacrer les paysans soulevés contre eux ?

c) Des guerres, si l'on peut appeler ainsi les meurtres et les rapines violentes qui enfreignent ses cinquième et septième commandements. Il a ici procédé selon le même principe que les prêtres en Inde ou Mahomet chez lui qui, dévoyant la vraie mission divine, ont aussi chassé les anciens propriétaires de leurs domaines. Moïse fit tuer la plupart d'entre eux et les livra à la destruction pour assurer sa propre sécurité et celle de ses adeptes.

d) La doctrine sur le vol de biens étrangers sous prétexte d'une acquisition en fermage.

e) L'engagement devant Dieu par lequel Moïse voulait souffrir la mort éternelle à la place de son peuple, engagement qui exigeait pourtant de Dieu des choses qui abolissaient son essence véritable. Cf. Exode 32, 31 s.

f) Non-observation du commandement de Dieu sur la circoncision. Exode 4, 24 et suivantes. Et enfin

g) Le crime principal de Moïse, cette suprême incroyance de celui qui, comme on peut le lire, a réalisé des exploits merveilleux avec la force de Dieu et a pourtant été menacé de châtiment par Dieu lui-même pour sa foi vacillante. Cf. 20,12.

En ce qui concerne la preuve pour l'autre argument, l'accusation de *tromperie*, on peut dire la chose suivante : rien ne nous permet de dire par expérience que Mahomet soit un *trompeur*, comme on l'a souligné plus haut ; cela ne provient que du témoignage de ceux qui n'étaient pas ses amis mais ses ennemis. On compte parmi eux presque tous ceux qui ne sont pas musulmans, selon l'adage déjà cité : « Qui n'est pas pour moi, etc. » Or il s'ensuit que :

La même force de preuve qui est accordée dans un cas doit aussi l'être dans un autre. Nous serions en effet injustes si nous condamnions l'un sur le témoignage de ses ennemis et pas l'autre ; ce genre de procédé réduirait toute justice à néant. Or le témoignage des adversaires, dans le cas de Mahomet, veut voir Mahomet comme un *trompeur* ; en conséquence de quoi... etc.

En outre, j'affirme que les accusations de tromperie contre Moïse peuvent être tirées non seulement de sources étrangères mais aussi propres à son camp : partant, il pourrait être accusé aussi bien par son propre témoignage que par celui d'étrangers, et dans ce cas même par ses successeurs, même si tout le monde n'est pas d'accord pour dire,

I. si les livres que l'on attribue à Moïse sont vraiment de lui ;

II. ou de compilateurs ;
III. surtout le livre d'Ezra ;
IV. s'ils ont été écrits dans la langue des samaritains ou
V. en hébreu pur. Et si c'est le cas, si
VI. cette langue peut encore être correctement comprise par nous.

Tout cela peut être largement contesté et débattu, surtout quand on prend le premier chapitre de la Genèse, où l'on peut voir que cette langue ne peut désormais être correctement interprétée. Mais j'avoue que je ne veux pas m'occuper de ce problème mais simplement argumenter *du point de vue de l'homme (κατ'ανθρωπον)* :

I. en me fondant sur l'autotémoignage de Moïse
II. a) concernant sa vie et son caractère, chose que nous avons déjà évoquée plus haut et qui, s'il faut juger (surtout en ce qui concerne le recours à la force contre des innocents) de la même façon qu'avec Mahomet, semble être parfaitement adéquate avec tous ses corollaires.
b) concernant la validité de sa doctrine. S'y rattachent les relations déjà mentionnées de Moïse avec Dieu dont il semble abondamment se vanter, comme tout semble le montrer.

Lorsque quelqu'un se vante de relations avec Dieu qui ne peuvent avoir existé, ces relations sont très suspectes.

Mais Moïse a... ; en conséquence de quoi...

On peut le prouver parce qu'il se vante d'avoir vu, chose dont il est question dans l'Ancien Testament et plus souvent encore dans le Nouveau Testament, ce qu'aucun œil n'a encore vu, comme on se plaît à le dire : Dieu face à face. Exode 33, 11 ; Nombres 12, 8.

Il a donc vu Dieu 1. dans sa vraie forme, non en image ni en rêve ; 2. face à face, comme deux amis qui se parlent (Exode XXXII, 11, Nombres XII, 8)[1]. Toute vision qui est 1. comme deux amis qui se parlent en face, visage contre visage ; 2. comme on se la représente chez les bienheureux dans l'au-delà, est vraiment la vision de Dieu. Mais Moïse.... ; en conséquence de quoi... etc.

La mineure de cette logique est prouvée par les passages cités ci-dessus et l'annonce de l'apôtre : « Mais ensuite, face à face, etc. », et il en est de même si l'on confronte les passages chez Moïse et le

1. Plus exactement, dans le texte biblique, « comme un homme parle à son ami ».

passage de l'apôtre. Et pourtant, chez les chrétiens, il est absolument impossible que quelqu'un puisse voir dans sa vie Dieu en face. Il est d'ailleurs expressément dit dans l'Exode 32, 22 : « Mon visage tu ne verras point. » Ces mots, Dieu les adresse à Moïse ; or ils sont en contradiction flagrante avec les passages cités plus haut. On ne peut donc les excuser qu'en supposant qu'ils ont été ajoutés par un compilateur irréfléchi. Mais cela rend tout le problème douteux.

c) concernant la doctrine de Moïse elle-même, pour savoir si elle est loi ou évangile. Parmi les lois que l'on ne peut toutes traiter pour une raison de place se distingue le Décalogue, que l'on dit être l'œuvre particulière de Dieu et le contrat sur le mont Horeb.

Cela semble du reste davantage avoir été inventé par Moïse qu'écrit par Dieu, vu que les commandements dans leur noyau ne respirent pas la perfection divine. Car 1. soit ils sont superflus comme par exemple ces trois derniers qui, d'après les modèles des paroles du Christ dans Matthieu 5, font déjà partie des commandements d'introduction et aussi le dixième, vu qu'on ne peut séparer le neuvième du dixième commandement ou inversement le dixième (du neuvième) ; 2. ou ils sont fautifs, car où se trouve : Tu ne dois pas désirer avoir des dieux étrangers à côté de moi, tu ne dois pas désirer blasphémer, désacraliser le sabbat, blesser tes parents et autres choses du même genre ? Et l'on ne peut quand même s'attendre que Dieu veuille interdire les petits désirs répréhensibles relatifs à la maison, à la ferme et au bien du prochain par un commandement détaillé et inhabituel, mais pas les grands désirs. En ce qui concerne le rapport de la doctrine de Moïse avec l'Évangile, il a donné lui-même une indication assez douteuse et incertaine sur l'arrivée du grand prophète et du Messie, Deut 18,21 éronome. Car cette indication laisse dans l'incertitude la croyance à une prophétie. De cette prophétie, il s'ensuit : on ne peut prendre le Christ, qui a prophétisé la chute de Jérusalem, pour un vrai prophète aussi longtemps que ces prophéties ne seront pas réalisées (de même pour Daniel, tant qu'elles ne seront pas réalisées), et partant, on ne peut reprocher aux Juifs qui ont vécu entre l'époque du Christ et la chute de cette ville de ne pas avoir cru en lui, même si Paul maudit ceux qui n'étaient pas des disciples du Christ avant la chute.

Toute parole doctrinale, donc, qui laisse chacun à sa propre appréciation, libre de croire à un Messie ou non, ne peut venir de Dieu mais passe avec raison pour suspecte. Mais la parole citée... etc. ; en conséquence de quoi... etc.

Cela n'oblitère en rien ce que l'on peut dire sur les prophéties qui ont été réalisées. Car c'est justement la particularité de ce grand prophète que se réalise ce qu'il a prédit. Partant, et selon la nature de la chose, il ne pouvait pas passer avant pour un tel prophète.

Il y a une autre chose absurde qui semble ressortir de ce passage et qui est la suivante : cette caractéristique, qui devrait pourtant être le critère divin de tous les prophètes, n'est pas clairement applicable à certains prophètes à cause d'une certaine incertitude mais surtout à cause des paroles qui montrent un certain écart dans le temps (comme par exemple : bientôt, vite, imminent, etc.). C'est ainsi par exemple que de nombreux prophètes ont prédit la fin du monde et Pierre prétend que ce jour est imminent; mais il ne peut passer pour un vrai prophète tant que ce jour n'est pas arrivé. C'est ce qu'on retrouve expressément chez Moïse dans le passage cité.

d) concernant le récit historique de Moïse.

Si l'on attaque le Coran pour ses nombreuses fables, on verra surgir dans la Genèse de nombreuses choses qui ne manqueront pas d'éveiller le doute chez un lecteur attentif. Comme par exemple la création de l'homme à partir d'une motte de terre, le don du souffle, la fable sur la création d'Ève à partir d'une côte de l'homme, les serpents qui parlent et qui séduisent les hommes les plus avisés et pour qui ce n'était pas un secret que le serpent est habité par le père du mensonge ; tout comme le fait de manger la pomme et qui fut funeste pour l'humanité tout entière et par lequel l'un des attributs divins (qui sont pourtant mis sur le même plan que son essence), la grâce, se voit limité, tout comme la grâce des pécheurs devant la colère de Dieu et qui limite Dieu lui-même, car la colère de Dieu est Dieu lui-même ; enfin ces hommes qui vivent 800 ou 900 ans, le voyage des animaux dans l'arche de Noé, la tour de Babel, la confusion des langues à Babylone, etc. : tout cela et des milliers d'autres choses, l'esprit libre et incisif ne peut que les assimiler à des fables, surtout celles des rabbins, car même le peuple juif est très réceptif aux fables. Et des choses identiques sont dites par Ovide, les védiques et les brahmanes chinois et indiens qui racontent qu'une jeune fille née d'un œuf a créé le monde et d'autres choses du même genre. Et c'est surtout Moïse qui semble préoccupé de mettre Dieu en contradiction avec lui-même: d'un côté tout était bien et pourtant il trouvait qu'il n'était pas bien de laisser Adam seul. Il s'ensuit qu'outre Adam existait quelque chose qui n'était pas bien et pouvait donc nuire à l'excellence d'Adam, même si justement la solitude d'Adam était l'œuvre de Dieu, car celui-ci n'avait pas seulement créé la bonté dans les existences mais aussi dans leurs qualités; car tout était bien dans la qualité dans laquelle Dieu avait créé cette œuvre. J'en déduis donc:

toute œuvre créée par Dieu ne peut qu'être bonne. Mais la solitude d'Adam... etc.; en conséquence de quoi... etc.

1. Celui qui se livre à l'étude de l'Ancien Testament bute sur de nombreuses difficultés chez Moïse. Nous n'allons pas les présenter toutes. Je vais néanmoins en détacher une, celle qui nous est dite par Paul (1 Tim. 1, 4), à savoir que les généalogies sont superflues et que leur étude n'apporte rien et qu'il faut même s'en garder. À qui servent alors ces généalogies détaillées à l'extrême et si souvent répétées chez Moïse? Un seul exemple, qui fait soupçonner qu'il y a eu au moins déformation ou inexactitude chez les compilateurs, se révèle dans les différentes listes des femmes d'Esaü:

Genèse 26,34: Judith, fille de Béeri le Héthien; Basmath, fille d'Élôn le Héthien.
Genèse 28,9: Mahalath, fille d'Ismaël, sœur de Nebajoth; elle s'ajoute encore aux deux autres.
Genèse 36,2: Ada, fille d'Élôn le Héthien; Oholibama; Basmath, fille d'Ismaël, sœur de Nebajoth.

Celle qui est Ada dans la Genèse 36 est appelée Basmath dans la Genèse 26, fille d'Élôn le Héthien; et celle qui est Basmath dans la Genèse 36 est appelée Mahalath dans la Genèse 28, sœur de Nebajoth; alors que, dans le passage mentionné de la Genèse 28, Mahalath doit être vue comme la troisième femme après Judith et Basmath mentionnées auparavant dans la Genèse 26. Je ne vois pas encore comment harmoniser tout ça. Cela et d'autres choses encore font soupçonner que les écrits de Moïse que nous possédons ont été le fait de compilateurs et que des erreurs s'y sont glissées au recopiage.

Ce que l'on peut encore reprocher, pour finir, à Moïse, ce sont ces fréquentes tautologies, ces répétitions sans but, et toujours détournées comme il faut, comme si différents passages avaient été rassemblés par différents auteurs.

I. On peut donc soupçonner aussi Moïse sur la base de témoignages d'autres, et pas seulement ses amis mais aussi ceux qui se présentent ouvertement comme ses successeurs et ses adeptes. Y participent les témoignages

1. de Pierre, Actes des apôtres 14,10, qui dit que la loi de Moïse est un joug insupportable ; il s'ensuit : que Dieu est un tyran, ce qui ne peut être exact, ou que Pierre prétend des choses fausses, ou que les lois de Moïse ne viennent pas de Dieu ;
2. de Paul, qui parle avec mépris des lois de Moïse, ce qu'il ne ferait pas s'il les considérait comme divines. C'est ainsi qu'il dit dans l'Épitre aux Galates 4 :
   a) que c'est une mise en esclavage (v. 3,4). Or qui aurait qualifié ainsi les lois de Dieu ?
   b) que ce sont des commandements misérables (v. 9) ;
   c) v. 30, il écrit : « Chasse la servante Hagar et son fils ! » La servante désigne le testament du mont Sinaï, ce qui, d'après le verset 24, est la loi de Moïse. Mais qui tolérerait l'affirmation suivante : « Enfrein la loi de Dieu avec ses fils et ses disciples ! » Pourtant, Paul lui-même a confirmé ceci dans le chapitre suivant, Gal. 5, 2 et suivantes, et dans Timothée n'a pas épargné la circoncision (Actes 16, 3).
   d) Il dit de la loi que ce sont des lettres

mortes et il en va de même des jugements dans Cor. 3, 6, 10 et suivantes. Il dit aussi qu'elle n'a pas de clarté remarquable (verset 10).

Qui dirait de telles choses sur la très sacrée loi de Dieu ?
Si la loi de Moïse vient de Dieu et est l'Évangile, alors il faut exiger d'elle la même clarté, etc.
Restent les témoignages des autres qui se trouvent en dehors de l'Église juive et chrétienne.

CELA SUFFIT ! *(tantum !)*

(Traduit par Pierre Deshusses,
d'après le texte allemand de Presser.)

Livre des trois imposteurs

Moïse, Jésus-Christ, Mahomet

Chapitre premier

De Dieu.

I

Quoiqu'il importe à tous les hommes de connaître la vérité, il y en a très peu cependant qui jouissent de cet avantage. Les uns sont incapables de la rechercher par eux-mêmes, les autres ne veulent pas s'en donner la peine. Il ne faut donc pas s'étonner si le monde est rempli d'opinions vaines et ridicules; rien n'est plus capable de leur donner cours que l'ignorance; c'est là l'unique source de fausses idées que l'on a de la divinité, de l'âme, des esprits et de presque tous les autres objets qui composent la religion. L'usage a prévalu, l'on se contente des préjugés de la naissance et l'on s'en rapporte sur les choses les plus essentielles à des personnes intéressées qui se font une loi de soutenir opiniâtrement les opinions reçues et qui n'osent les détruire de peur de se détruire elles-mêmes.

II

Ce qui rend le mal sans remède, c'est qu'après avoir établi les fausses idées qu'on a de Dieu, on n'oublie rien pour engager le peuple à les croire, sans lui permettre de les examiner ; au contraire, on lui donne de l'aversion pour les philosophes ou les véritables savants, de peur que la raison qu'ils enseignent ne lui fasse connaître les erreurs où il est plongé. Les partisans de ces absurdités ont si bien réussi qu'il est dangereux de les combattre. Il importe trop à ces imposteurs que le peuple soit ignorant, pour souffrir qu'on le désabuse. Ainsi, on est contraint de déguiser la vérité, ou de se sacrifier à la rage des faux savants ou des âmes basses et intéressées.

III

Si le peuple pouvait comprendre en quel abîme l'ignorance le jette, il secouerait bientôt le joug de ses indignes conducteurs, car il est impossible de laisser agir la raison sans qu'elle découvre la vérité.

Ces imposteurs l'ont si bien senti que, pour empêcher les bons effets qu'elle produirait infailliblement, ils se sont avisés de nous la peindre comme un monstre qui n'est capable d'inspirer aucun bon sentiment, et quoiqu'ils blâment en général ceux qui sont déraisonnables, ils seraient cependant bien fâchés que la vérité fût écoutée. Ainsi, l'on voit tomber sans cesse dans les contradictions continuelles ces ennemis jurés du bon sens; et il est difficile de savoir ce qu'ils prétendent. S'il est vrai que la droite raison soit la seule lumière que l'homme doive suivre, et si le peuple n'est pas aussi incapable de raisonner qu'on tâche de le persuader, il faut que ceux qui cherchent à l'instruire s'appliquent à rectifier ses faux raisonnements, et à détruire ses préjugés; alors, on verra ses yeux se dessiller peu à peu et son esprit se convaincre de cette vérité, que Dieu n'est point ce qu'il s'imagine ordinairement.

IV

Pour en venir à bout, il n'est besoin ni de hautes spéculations ni de pénétrer fort avant dans les secrets de la nature. On n'a besoin que d'un peu de bon sens pour juger que Dieu n'est ni colère ni jaloux; que la justice et la miséricorde sont des faux titres qu'on lui attribue; et que ce que les prophètes et les apôtres en ont dit ne nous apprend ni sa nature ni son essence.

En effet, à parler sans fard et à dire la chose comme elle est, ne faut-il pas convenir que ces docteurs n'étaient ni plus habiles ni mieux instruits que le reste des hommes; que bien loin de là, ce qu'ils disent au sujet de Dieu est si grossier qu'il faut être tout à fait peuple pour le croire ? Quoique la chose soit assez évidente d'elle-même, nous allons la rendre encore plus sensible en examinant cette question : s'il y a quelque apparence que les prophètes et les apôtres aient été autrement conformés que les hommes ?

V

Tout le monde demeure d'accord que, pour la naissance et les fonctions ordinaires de la vie, ils n'avaient rien qui les distinguât du reste des hommes; ils étaient engendrés par des hommes, ils naissaient des femmes, et ils conservaient leur vie de la même façon que nous. Quant à l'esprit, on veut que Dieu animât bien plus celui des prophètes que des autres hommes, qu'il se communiquât à eux d'une façon toute particulière: on le croit d'aussi bonne foi que si la chose était prouvée; et sans considérer que tous les hommes se ressemblent, et qu'ils ont tous une même origine, on prétend que ces hommes ont été d'une trempe extraordinaire; et choisis par la divinité pour annoncer ses oracles. Mais, outre qu'ils n'avaient ni plus d'esprit que le vulgaire ni l'entendement plus parfait, que voit-on dans leurs écrits qui nous oblige à prendre une si haute opinion d'eux? La plus grande partie des choses qu'ils ont dites est si obscure que l'on n'y entend rien, et en si mauvais ordre qu'il est facile de s'apercevoir qu'ils ne s'entendaient pas eux-mêmes, et qu'ils n'étaient que des fourbes ignorants. Ce qui a donné lieu à l'opinion que l'on a conçue d'eux, c'est la hardiesse qu'ils ont eue de se vanter de tenir immédiatement de Dieu tout ce qu'ils annonçaient au peuple; créance absurde et ridicule, puisqu'ils avouent eux-mêmes que Dieu ne leur parlait qu'en songe. Il n'est rien de plus naturel à l'homme que les songes, par conséquent, il faut qu'un homme soit bien effronté, bien vain et bien insensé pour dire que Dieu lui parle par cette voie, et il faut que celui qui y ajoute foi soit bien crédule et bien fol pour prendre des songes pour des oracles divins. Supposons pour un moment que Dieu se fît entendre à quelqu'un par des songes, par des visions ou par telle autre voie qu'on voudra l'imaginer, personne n'est obligé d'en croire sur sa parole un homme sujet à l'erreur, et même au mensonge et à l'imposture; aussi voyons-nous que dans l'ancienne Loi l'on n'avait pas, à beaucoup près, pour les prophètes autant d'estime qu'on en a aujourd'hui. Lorsqu'on était las de leur babil, qui ne tendait souvent qu'à semer la révolte et à détourner le peuple de l'obéissance, on les faisait taire par divers supplices; Jésus-Christ lui-même n'échappa point au juste châtiment qu'il méritait; il n'avait pas, comme Moïse, une armée à sa suite pour défendre ses opinions[1]; ajoutez à cela que les prophètes étaient tellement accoutumés à se contredire les uns les autres, qu'il ne s'en trouvait pas dans quatre cents[2] un seul de véritable. De plus, il est certain que le but de leurs prophéties, aussi bien que des lois des plus célèbres législateurs, était d'éterniser leur mémoire, en faisant croire aux peuples qu'ils conféraient avec Dieu. Les plus fins politiques en ont toujours usé de la sorte, quoique cette ruse n'ait pas toujours réussi à ceux qui, à l'imitation de Moïse, n'avaient pas le moyen de pourvoir à leur sûreté.

VI

Cela posé, examinons un peu l'idée que les prophètes ont eue de Dieu. S'il faut les en croire, Dieu est un être purement corporel; Michée le voit assis; Daniel, vêtu de blanc et sous la forme d'un vieillard; Ézéchiel le voit comme un feu, voilà pour le Vieux testament. Quant au Nou-

1. Moïse fit mourir tout d'un coup 24 000 hommes pour s'être opposés à sa Loi.

2. Il est écrit au premier livre des Rois, ch. 22, v. 6, qu'Achab, roi d'Israël, consulta 400 prophètes, qui se trouvèrent tous faux, par les suites de leurs prophéties.

veau, les disciples de Jésus-Christ s'imaginent le voir sous la forme d'une colombe, les apôtres sous celle de langues de feu, et saint Paul, enfin, comme une lumière qui l'éblouit et l'aveugle. Pour ce qui est de la contradiction de leurs sentiments, Samuel[1], croyait que Dieu ne se repentait jamais de ce qu'il avait résolu; au contraire, Jérémie[2] nous dit que Dieu se repend des conseils qu'il a pris. Joël[3] nous apprent qu'il ne se repent que du mal qu'il a fait aux hommes; Jérémie dit qu'il ne s'en repent point. La Genèse[4] nous enseigne que l'homme est maître du péché et qu'il ne tient qu'à lui de bien faire, au lieu que saint Paul[5] assure que les hommes n'ont aucun empire sur la concupiscence sans une grâce de Dieu toute particulière, etc. Telles sont les idées fausses et contradictoires que ces prétendus inspirés nous donnent de Dieu, et que l'on veut que nous en ayons, sans considérer que ces idées nous représentent la divinité comme un être sensible, matériel et sujet à toutes les passions humaines. Cependant, on vient nous dire après cela que Dieu n'a rien de commun avec la matière, et qu'il est un être incompréhensible pour nous.

1. Chap. XV, v. 2 et 9.
2. Chap. XVIII, v. 10.
3. Chap. II, v. 13.
4. Chap. IV, v. 7.
5. Rom. XV, IX, v. 10.

Je souhaiterais fort savoir comment tout cela peut s'accorder, s'il est juste d'en croire des contradictions si visibles et si déraisonnables, et si l'on doit enfin s'en rapporter au témoignage d'hommes assez grossiers pour s'imaginer, nonobstant les sermons de Moïse, qu'un veau était leur Dieu ! Mais sans nous arrêter aux rêveries d'un peuple élevé dans la servitude et dans l'absurdité, disons que l'ignorance a produit la croyance de toutes les impostures et les erreurs qui règnent aujourd'hui parmi nous.

Chapitre II

Des raisons qui ont engagé les hommes à se figurer un Être invisible qu'on nomme communément Dieu.

I

Ceux qui ignorent les causes physiques ont une crainte naturelle qui procède de l'inquiétude et du doute où ils sont s'il existe un Être ou une puissance qui ait le pouvoir de leur nuire ou de les conserver. De là le penchant qu'ils ont à feindre des causes invisibles, qui ne sont que des fantômes de leur imagination, qu'ils invoquent dans l'adversité et qu'ils louent dans la prospérité. Ils s'en font des dieux à la fin et cette crainte chimérique des puissances invisibles est la source des religions que chacun se forme à sa mode. Ceux à qui il importait que le peuple fût contenu et arrêté par de semblables rêveries ont entretenu cette semence de religion, en ont fait une loi et ont enfin réduit les peuples, par les terreurs de l'avenir, à obéir aveuglément.

II

La source des dieux étant trouvée, les hommes ont cru qu'ils leur ressemblaient et qu'ils faisaient comme eux toutes choses pour quelque fin. Ainsi, ils disent et croient unanimement que Dieu n'a rien fait que pour homme, et, réciproquement, que l'homme n'est fait que pour Dieu. Ce préjugé est général, et lorsqu'on réfléchit sur l'influence qu'il a dû nécessairement avoir sur les mœurs et les opinions des hommes, on voit clairement que c'est là qu'ils ont pris occasion de se former des idées fausses du bien et du mal, du mérite et du démérite, de l'honneur et de la honte, de l'ordre et de la confusion, de la beauté et de la difformité et des autres choses semblables.

III

Chacun doit demeurer d'accord que tous les hommes sont dans une profonde ignorance en naissant, et que la seule chose qui leur soit naturelle est de chercher ce qui leur est utile et profitable : de là vient

1° qu'on croit qu'il suffit pour être libre de sentir soi-même qu'on peut vouloir et souhaiter sans se mettre nullement en peine des causes qui disposent à vouloir et à souhaiter, parce qu'on ne les connaît pas ;

2° comme les hommes ne font rien que pour une fin qu'ils préfèrent à toute autre, et ils n'ont pour but que de connaître les causes finales de leurs actions, et ils imaginent qu'après cela ils n'ont plus aucun sujet de doute, et comme ils trouvent en eux-mêmes et hors d'eux plusieurs moyens de parvenir à ce qu'ils se proposent, vu qu'ils ont, par exemple, des yeux pour voir, des oreilles pour entendre, un soleil pour les éclairer, etc., ils ont conclu qu'il n'y a rien dans la nature qui ne soit fait pour eux, et dont ils ne puissent jouir et disposer; mais comme ils savent que ce n'est point eux qui ont fait toutes ces choses, ils se sont crus bien fondés à imaginer un être suprême auteur de tout, en un mot, ils ont pensé que tout ce qui existe était l'ouvrage d'une ou de plusieurs divinités. D'un autre côté, la nature des dieux que les hommes ont admis leur étant inconnue, ils en ont jugé par eux-mêmes, s'imaginant qu'ils étaient susceptibles des mêmes passions qu'eux; et comme les inclinations des hommes sont différentes, chacun a rendu à sa divinité un culte selon son humeur, dans la vue d'attirer ses bénédictions et de faire servir par là toute la nature à ses propres désirs.

IV

C'est de cette manière que le préjugé s'est changé en superstition; il s'est enraciné de telle sorte que les gens les plus grossiers se sont crus capables de pénétrer dans les causes finales, comme s'ils en avaient une entière connaissance. Ainsi, au lieu de faire voir que la nature ne fait rien en vain, ils ont cru que Dieu et la nature pensaient à la façon des hommes. L'expérience ayant fait connaître qu'un nombre infini de calamités troublent les douceurs de la vie, comme les orages, les tremblements de terre, les maladies, la faim, la soif, etc., on attribua tous ces maux à la colère céleste, on crut la divinité irritée contre les offenses des hommes, qui n'ont pu ôter de leur tête une pareille chimère, ni se désabuser de ces préjugés par les exemples journaliers qui leur prouvent que les biens et les maux ont été de tout temps communs aux bons et aux méchants. Cette erreur vient de ce qu'il leur fut plus facile de demeurer dans leur ignorance naturelle que d'abolir un préjugé reçu depuis tant de siècles et d'établir quelque chose de vraisemblable.

V

Ce préjugé les a conduits à un autre, qui est de croire que les jugements de Dieu étaient incompréhensibles et que, par cette raison, la connaissance de la vérité était au-dessus des forces de l'esprit humain ; erreur où l'on serait encore si les mathématiques, la physique et quelques autres sciences ne l'avaient détruite.

VI

Il n'est pas besoin de longs discours pour montrer que la nature ne se propose aucune fin, et que toutes les causes finales ne sont que des fictions humaines. Il suffit de prouver que cette doctrine ôte à Dieu les perfections qu'on lui attribue. C'est ce que nous allons faire voir.

Si Dieu agit pour une fin, soit pour lui-même, soit pour quelque autre, il désire ce qu'il n'a point, et il faudra convenir qu'il y a un temps auquel Dieu n'ayant pas l'objet pour lequel il agit, il a souhaité l'avoir ; ce qui est faire un Dieu indigent. Mais pour ne rien omettre de ce qui peut appuyer le raisonnement de ceux qui tiennent l'opinion contraire, supposons, par exemple, qu'une pierre qui se détache d'un bâtiment tombe sur une personne et la tue il faut bien, disent nos ignorants, que cette pierre soit tombée à dessein pour tuer cette personne ; or cela n'a pu arriver que parce que Dieu l'a voulu. Si on leur répond que c'est le vent qui a causé cette chute dans le temps que ce pauvre malheureux passait, ils vous demanderont, d'abord, pourquoi il passait précisément dans le moment que le vent ébranlait cette pierre. Répliquez-leur qu'il allait dîner chez un de ses amis qui l'en avait prié, ils voudront savoir pourquoi cet ami l'avait plutôt prié dans ce temps-là que dans un autre ; ils vous feront aussi une infinité de questions bizarres pour remonter de cause en cause et vous faire avouer que seule la volonté de Dieu, qui est l'asile des ignorants, est la cause première de la chute de cette pierre. De même, lorsqu'ils voient la structure du corps humain, ils tombent dans l'admiration ; et de ce qu'ils ignorent les causes des effets qui leur paraissaient si merveilleux, ils concluent que c'est un effet surnaturel, auquel les causes qui nous sont connues ne peuvent avoir aucune part. De là vient que celui qui veut examiner à fond les œuvres de la création, et pénétrer en vrai savant dans les causes naturelles, sans s'asservir aux préjugés formés par l'ignorance, passe pour un impie, ou est bientôt décrié par la malice de ceux que le vulgaire reconnaît pour les interprètes de la nature et des dieux. Ces âmes mercenaires savent très bien que l'ignorance, qui tient le peuple dans l'étonnement, est ce qui les fait subsister et qui conserve leur crédit.

VII

Les hommes s'étant donc imbus de la ridicule opinion que tout ce qu'ils voient est fait pour eux se sont fait un point de religion d'appliquer tout à eux-mêmes et de juger des choses par le profit qu'ils en retirent. C'est là-dessus qu'ils ont formé des notions qui leur servent à expliquer la nature des choses, à juger du bien et du mal, de l'ordre et du désordre, du chaud et du froid, de la beauté et de la laideur, etc., qui dans le fond ne sont point ce qu'ils s'imaginent: maîtres de former ainsi leurs idées, ils se flattèrent d'être libres; ils se crurent en droit de décider de la louange et du blâme, du bien et du mal; ils ont appelé *bien* ce qui tourne à leur profit et ce qui regarde le culte divin, et mal, au contraire, ce qui ne convient ni à l'un ni à l'autre, et comme les ignorants ne sont capables de juger de rien et n'ont aucune idée des choses que par le secours de l'imagination, qu'ils prennent pour le jugement, ils nous disent que l'on ne connaît rien dans la nature et se figurent un ordre particulier dans le monde. Enfin, ils croient les choses bien ou mal ordonnées, suivant qu'ils ont de la facilité ou de la peine à les imaginer, quand le sens les leur représente; et comme on s'arrête volontiers à ce qui fatigue le moins le cerveau, on se persuade d'être bien fondé à préférer l'ordre à la confusion; comme si l'ordre était autre chose qu'un pur effet de l'imagination des hommes. Ainsi, dire que Dieu a tout fait avec ordre, c'est prétendre que c'est en faveur de l'imagination humaine qu'il a créé le monde, de la manière la plus facile à être conçue par elle: ou, ce qui au fond est la même chose, que l'on connaît avec certitude les rapports et les fins de tout ce qui existe, assertion trop absurde pour mériter d'être réfutée sérieusement.

VIII

Pour ce qui est des autres notions, ce sont de purs effets de la même imagination, qui n'ont rien de réel, et qui ne sont que les différentes affections ou modes dont cette faculté est susceptible : quand, par exemple, les mouvements que les objets impriment dans les nerfs, par le moyen des yeux, sont agréables aux sens, on dit que ces objets sont beaux. Les odeurs sont bonnes ou mauvaises, les saveurs douces ou amères, ce qui se touche dur ou tendre, les sons rudes ou agréables, suivant que les odeurs, les saveurs et les sons frappent ou pénètrent les sens ; c'est d'après ces idées qu'il se trouve des gens qui croient que Dieu se plaît à la mélodie, tandis que d'autres ont cru que les mouvements célestes étaient un concert harmonieux : ce qui marque bien que chacun se persuade que les choses sont telles qu'il se les figure, ou que le monde est purement imaginaire. Il n'est donc point étonnant qu'il se trouve à peine deux hommes d'une même opinion et qu'il y en ait même qui se fassent gloire de douter de tout : car, quoique les hommes aient un même corps et qu'ils se ressemblent tous à beaucoup d'égards, ils diffèrent néanmoins à beaucoup d'autres ; de là vient que ce qui semble bon à l'un devient mauvais pour l'autre, que ce qui plaît à celui-ci déplaît à celui-là. D'où il est aisé de conclure que les sentiments ne diffèrent qu'en raison de l'organisation et de la diversité des coexistences, que le raisonnement y a peu de part et qu'enfin les notions des choses du monde ne sont qu'un pur effet de la seule imagination.

IX

Il est donc évident que toutes les raisons dont le commun des hommes a coutume de se servir, lorsqu'il se mêle d'expliquer la nature, ne sont que des façons d'imaginer, qui ne peuvent rien moins que ce qu'il prétend ; on donne à ces idées des noms, comme si elles existaient ailleurs que dans un cerveau prévenu ; on devrait les appeler, non des êtres, mais des pures chimères. À l'égard des arguments fondés sur ces notions, il n'est rien de plus aisé que de les réfuter, par exemple :

S'il était vrai, nous dit-on, que l'Univers fût un écoulement et une suite nécessaire de la nature divine, d'où viendraient les imperfections et les défauts qu'on y remarque ? Cette objection se réfute sans nulle peine. On ne saurait juger de la perfection et de l'imperfection d'un être, qu'autant qu'on en connaît l'essence et la nature, et c'est s'abuser étrangement que de croire qu'une chose est plus ou moins parfaite suivant qu'elle plaît ou déplaît, et qu'elle est utile ou nuisible à la nature humaine. Pour fermer la bouche à ceux qui demandent pourquoi Dieu n'a point créé tous les hommes bons et heureux, il suffit de dire que tout est nécessairement ce qu'il est, et que dans la nature il n'y a rien d'imparfait, puisque tout découle de la nécessité des choses.

X

Cela posé, si l'on demande ce que c'est que *Dieu,* je réponds que ce mot nous représente l'Être universel dans lequel, pour parler comme saint Paul, *nous avons la vie, le mouvement et l'être.* Cette notion n'a rien qui soit indigne de Dieu; car, si tout est Dieu, tout découle nécessairement de son essence et il faut absolument qu'il soit tel que ce qu'il contient, puisqu'il est incompréhensible que des êtres tout matériels soient maintenus et contenus dans un être qui ne le soit point. Cette opinion n'est point nouvelle; Tertullien, l'un des plus savants hommes que les chrétiens aient eu, a prononcé contre Apelles, que ce qui n'est pas corps n'est rien, et contre Praxéas que toute substance est un corps[1]. Cette doctrine, cependant, n'a pas été condamnée

1. *Quis autem negabit Deum esse corpus, essi Deus Spiritus? Spiritus etiam corporis sui generis, in sua effigie.* Tertullien, Adv. Prax, chap. 7.

dans les quatre premiers conciles œcuméniques ou généraux[1].

XI

Ces idées sont claires, simples et les seules mêmes qu'un bon esprit puisse se former de Dieu. Cependant, il y a peu de gens qui se contentent d'une telle simplicité. Le peuple grossier et accoutumé aux flatteries des sens demande un Dieu qui ressemble aux rois de la terre. Cette pompe, ce grand éclat qui les environne, l'éblouit de telle sorte que lui ôter l'espérance d'aller, après la mort, grossir le nombre des courtisans célestes, pour jouir avec eux des mêmes plaisirs qu'on goûte à la cour des rois, c'est priver l'homme de la seule consolation qui l'empêche de se désespérer dans les misères de la vie. On dit qu'il faut un Dieu juste et vengeur qui punisse et récompense : on veut un Dieu susceptible de toutes les passions humaines, on lui donne des pieds, des mains, des yeux et des oreilles, et cependant on ne veut point

1. Ces quatre premiers conciles sont : 1° celui de Nicée, en 325, sous Constantin et le pape Silvestre ; 2° celui de Constantinople, en 381, sous Gratien, Valentinien et Théodore et le pape Damase Ier ; 3° celui d'Éphèse, en 431, sous Théodore le Jeune et Valentinien, et le pape Célestin ; 4° celui de Chalcédoine, en 451, sous Valentinien et Martian, et le pape Léon Ier.

qu'un Dieu constitué de la sorte ait rien de matériel. On dit que l'homme est son chef-d'œuvre et même son image, mais on ne veut pas que la copie soit semblable à l'original. Enfin, le Dieu du peuple d'aujourd'hui est sujet à bien plus de formes que le Jupiter des païens. Ce qu'il y a de plus étrange, c'est que plus ces notions se contredisent et choquent le bon sens, plus le vulgaire les révère, parce qu'il croit opiniâtrement ce que les prophètes en ont dit, quoique ces visionnaires ne fussent parmi les Hébreux que ce qù'étaient les augures et les devins chez les païens. On consulte la Bible, comme si Dieu et la nature s'y expliquaient d'une façon particulière; quoique ce livre ne soit qu'un tissu de fragments cousus ensemble en divers temps, ramassés par diverses personnes et publiés de l'aveu des rabbins, qui ont décidé, suivant leur fantaisie, de ce qui devait être approuvé ou rejeté, selon qu'ils l'ont trouvé conforme ou opposé à la loi de Moïse[1]. Telle est la malice et la stupidité des hommes. Ils passent leur vie à chicaner et persistent à respecter un livre où il n'y a guère plus d'ordre que dans l'Alcoran de

1. Le Talmud porte que les rabbins délibérèrent s'ils ôteraient le livre des Prophètes et celui de l'Ecclésiaste du nombre des Canoniques; ils les laissèrent parce qu'il y est parlé avec éloges de Moïse et de sa loi. Les prophéties d'Ézéchiel auraient été retranchées du Catalogue sacré si un certain chanoine n'avait entrepris de les concilier avec la même loi.

Mahomet; un livre, dis-je, que personne n'entend, tant il est obscur et mal conçu; un livre qui ne sert qu'à fomenter des divisions. Les juifs et les chrétiens aiment mieux consulter ce grimoire que d'écouter la loi naturelle que Dieu, c'est-à-dire la Nature, en tant qu'elle est le principe de toutes choses, a écrite dans le cœur des hommes. Toutes les autres lois ne sont que des fictions humaines, et de pures illusions mises au jour, non par les démons ou mauvais esprits, qui n'existèrent jamais qu'en idée, mais par la politique des princes et des prêtres. Les premiers ont voulu par là donner plus de poids à leur autorité, et ceux-ci ont voulu s'enrichir par le débit d'une infinité de chimères qu'ils vendent cher aux ignorants.

Toutes les autres lois qui ont succédé à celle de Moïse, j'entends les lois des chrétiens, ne sont appuyées que sur cette Bible dont l'original ne se trouve point, qui contient des choses surnaturelles et impossibles, qui parle de récompenses et de peines pour les actions bonnes ou mauvaises, mais qui ne sont que pour l'autre vie, de peur que la fourberie ne soit découverte, nul n'en étant jamais revenu. Ainsi, le peuple, toujours flottant entre l'espérance et la crainte, est retenu dans son devoir par l'opinion qu'il a que Dieu n'a fait les hommes que pour les rendre éternellement heureux ou malheureux. C'est là ce qui a donné lieu à une infinité de religions.

CHAPITRE III

Ce que signifie ce mot RELIGION : comment et pourquoi il s'en est introduit un si grand nombre dans le monde.

I

Avant que le mot *religion* se fût introduit dans le monde, on n'était obligé qu'à suivre la loi naturelle, c'est-à-dire à se conformer à la droite raison. Ce seul instinct était le lien auquel les hommes étaient attachés ; et ce lien, tout simple qu'il est, les unissait de telle sorte que les divisions étaient rares. Mais dès que la crainte eut fait soupçonner qu'il y a des dieux et des puissances invisibles, ils élevèrent des autels à ces êtres imaginaires, et, secouant le joug de la nature et de la raison, ils se lièrent par de vaines cérémonies et par un culte superstitieux aux vains fantômes de l'imagination. C'est de là que dérive le mot de *religion* qui fait tant de bruit dans le monde. Les hommes ayant admis des puissances invisibles qui avaient tout pouvoir sur eux, ils les adorèrent pour les fléchir, et, de plus, ils s'imaginèrent que la nature était un être subordonné à ces puissances. Dès lors, ils se la figurèrent comme une masse morte, ou comme une esclave qui n'agissait que suivant l'ordre de ces puissances. Dès que cette fausse idée eut frappé leur esprit, ils n'eurent plus que du mépris pour la nature, et du respect pour ces êtres prétendus qu'ils nommèrent leurs dieux. De là est venue l'ignorance où tant de peuples sont plongés, ignorance d'où les vrais savants les pourraient retirer, quelque profond qu'en soit l'abîme, si leur zèle n'était traversé par ceux qui mènent ces aveugles et qui ne vivent qu'à la faveur de leurs impostures.

Mais quoiqu'il y ait bien peu d'apparence de réussir dans cette entreprise, il ne faut pas abandonner le parti de la vérité, quand ce ne serait qu'en considération de ceux qui se garantissent des symptômes de ce mal ; il faut qu'une âme généreuse dise les choses comme elles sont. La vérité, de quelque nature qu'elle soit, ne peut jamais nuire, au lieu que l'erreur, quelque innocente et quelque utile même qu'elle paraisse, doit nécessairement avoir à la longue des effets très funestes.

II

La crainte qui a fait les dieux a fait aussi la religion et, depuis que les hommes se sont mis en tête qu'il y avait des anges invisibles qui étaient cause de leur bonne ou mauvaise fortune, ils ont renoncé au bon sens et à la raison, et ils ont pris leurs chimères pour autant de divinités qui avaient soin de leur conduite. Après donc s'être forgé des dieux, ils voulurent savoir quelle était leur nature, et s'imaginant qu'ils devaient être de la même substance que l'âme, qu'ils croient ressembler aux fantômes qui paraissent dans le miroir ou pendant le sommeil, ils crurent que leurs dieux étaient des substances réelles; mais si ténues et si subtiles que, pour les distinguer des corps, ils les appelèrent *esprits,* bien que ces corps et ces esprits ne soient, en effet, qu'une même chose, et ne diffèrent que du plus ou moins, puisqu'être *esprit ou incorporel* est une chose incompréhensible. La raison est que tout esprit a une figure qui lui est propre[1], et qu'il est renfermé dans quelque lieu, c'est-à-dire qu'il a des bornes, et que, par conséquent, c'est un corps, quelque subtil qu'on le suppose[2].

III

Les ignorants (c'est-à-dire la plupart des hommes), ayant fixé de cette sorte la nature de la substance de leurs dieux, tâchèrent aussi de pénétrer par quels moyens ces anges invisibles produi-

1. Cf. Tertullien, *op. cit.*

2. Cf. Hobbes. *Léviathan, De homine, Ibid.,* Chap. 12, p. 56, 57, 55.

saient leurs effets; mais n'en pouvant venir à bout, à cause de leur ignorance, ils en crurent leurs conjectures; jugeant aveuglément de l'avenir par le passé, comme si l'on pouvait raisonnablement conclure de ce qu'une chose est arrivée autrefois de telle et telle manière qu'elle arrivera ou qu'elle doive arriver constamment de la même manière; surtout lorsque les circonstances et toutes les causes qui influent nécessairement sur les événements et actions humaines, et qui en déterminent la nature et l'actualité, sont diverses. Ils envisagèrent donc le passé et augurèrent bien ou mal pour l'avenir, suivant que la même entreprise avait autrefois bien ou mal réussi. C'est ainsi que Phormion ayant défait les Lacédémoniens dans la bataille de Naupacte, les Athéniens, après sa mort, élirent un autre général du même nom. Annibal ayant succombé sous les armes de Scipion l'Africain, à cause de ce bon succès, les Romains envoyèrent dans la même province un autre Scipion contre César, ce qui ne réussit ni aux Athéniens ni aux Romains. Ainsi, plusieurs nations, après deux ou trois expériences, ont attaché aux lieux, aux objets et aux noms leurs bonnes ou mauvaises fortunes; d'autres se sont servis de certains mots qu'ils appellent des enchantements et les ont crus si efficaces qu'ils s'imaginaient par leur moyen faire parler les arbres, faire un homme ou un Dieu d'un morceau de pain, et métamorphoser tout ce qui paraissait devant eux.

IV

L'empire des puissances invisibles étant établi de la sorte, les hommes ne les révérèrent d'abord que comme leurs souverains; c'est-à-dire par des marques de soumission et de respect, telles que sont les présents, les prières, etc. Je dis *d'abord,* car la nature n'apprend point à user de sacrifices sanglants en cette rencontre: ils n'ont été institués que pour la subsistance des sacrificateurs et des ministres destinés au service de ces dieux imaginaires.

V

Ce germe de religion (je veux dire l'espérance et la crainte), fécondé par les passions et opinions diverses des hommes, a produit ce grand nombre de croyances bizarres qui sont les causes de tant de maux et de tant de révolutions qui arrivent dans les États.

Les honneurs et les grands revenus qu'on a attachés au sacerdoce, ou aux ministères des dieux, ont flatté l'ambition et l'avarice de ces hommes rusés qui ont su profiter de la stupidité des peuples; ceux-ci ont si bien donné dans leurs pièges qu'ils se sont fait insensiblement une habitude d'encenser le mensonge et de haïr la vérité.

VI

Le mensonge étant établi, et les ambitieux épris de la douceur d'être élevés au-dessus de leurs semblables, ceux-ci tâchèrent de se mettre en réputation en feignant d'être les amis des dieux invisibles que le vulgaire redoutait. Pour y mieux réussir, chacun les peignit à sa mode et prit la licence de les multiplier au point qu'on en trouvait à chaque pas.

VII

La matière informe du monde fut appelée le dieu *Chaos*. On fit de même un dieu du *Ciel,* de la *Terre,* de la *Mer,* du *Feu,* des *Vents* et des *Planètes.* On fit le même honneur aux hommes et aux femmes; les oiseaux, les reptiles, le crocodile, le veau, le chien, l'agneau, le serpent et le pourceau, en un mot toutes sortes d'animaux et de plantes furent adorés. Chaque fleuve, chaque fontaine porta le nom d'un dieu, chaque maison eut le sien, chaque homme eut son génie. Enfin, tout était plein, tant dessus que dessous la terre de dieux, d'esprits, d'ombres et de démons. Ce n'était pas encore assez de feindre des divinités dans tous les lieux imaginables; on eût cru offenser le *temps,* le *jour,* la *nuit,* la *concorde,* l'*amour,* la *paix,* la *victoire,* la *contention,* la *rouille,* l'*honneur,* la *vertu,* la *fièvre* et la *santé*; on eût, dis-je, cru faire outrage à de telles divinités qu'on pensait toujours prêtes à fondre sur la tête des hommes, si on ne leur eût élevé des temples et des autels. Ensuite, on s'avisa d'adorer son *génie,* que quelques-uns invoquèrent sous le nom de *Muses*; d'autres, sous le nom de *Fortune,* adorèrent leur propre ignorance. Ceux-ci sanctifièrent leurs débauches sous le nom de *Cupidon,* leur colère sous celui de *Furies,* leurs parties naturelles sous le nom de *Priape*; en un mot, il n'y eut rien à quoi ils ne donnassent le nom d'un dieu ou d'un démon[1].

VIII

Les fondateurs des religions, sentant bien que la base de leurs impostures était l'ignorance des peuples, s'avisèrent de les y entretenir par l'adoration des images dans lesquelles ils feignirent que les dieux habitaient; cela fit tomber sur leurs prêtres une pluie d'or et des bénéfices que l'on regarda comme des choses saintes, parce qu'elles furent destinées à l'usage des ministres sacrés et personne n'eut la témérité ni l'audace d'y prétendre, ni même d'y toucher. Pour mieux tromper le peuple, les prêtres se proposèrent des

1. Hobbes *op. cit.*, Chap. 12, p. 58.

prophètes, des devins, des inspirés capables de pénétrer dans l'avenir, ils se vantèrent d'avoir commerce avec les dieux; et comme il est naturel de vouloir savoir sa destinée, ces imposteurs n'eurent garde d'omettre une circonstance si avantageuse à leur dessein. Les uns s'établirent à Délos, les autres à Delphes et ailleurs, où, par des oracles ambigus, ils répondirent aux demandes qu'on leur faisait : les femmes même s'en mêlaient; les Romains avaient recours, dans les grandes calamités, aux livres des sibylles. Les fous passaient pour des inspirés. Ceux qui feignaient d'avoir un commerce familier avec les morts étaient nommés nécromanciens; d'autres prétendaient connaître l'avenir par le vol des oiseaux ou par les entrailles des bêtes. Enfin, les yeux, les mains, le visage, un objet extraordinaire, tout leur semble d'un bon ou mauvais augure, tant il est vrai que l'ignorance reçoit telle impression qu'on veut, quand on a trouvé le secret de s'en prévaloir.

IX

Les ambitieux, qui ont toujours été de grands maîtres dans l'art de tromper, ont suivi cette route lorsqu'ils donnèrent des lois; et, pour obliger le peuple à se soumettre volontairement, ils l'ont persuadé qu'ils les avaient reçues d'un dieu ou d'une déesse.

Quoi qu'il en soit de cette multitude de divinités, ceux chez qui elles ont été adorées, et qu'on nomme païens, n'avaient point de système général de religion. Chaque République, chaque État, chaque ville et chaque particulier avait ses rites propres et pensait la divinité à sa fantaisie. Mais il s'est élevé par la suite des législateurs plus fourbes que les premiers, qui ont employé des moyens plus étudiés et plus sûrs en donnant des lois, des cultes, des cérémonies propres à nourrir le fanatisme qu'ils voulaient établir.

Parmi un grand nombre, l'Asie en a vu naître trois qui se sont distingués tant par les lois et les cultes qu'ils ont institués que par l'idée qu'ils ont donnée de la divinité et par la manière dont ils s'y sont pris pour faire recevoir cette idée et rendre leurs lois sacrées. Moïse fut le plus ancien. Jésus-Christ, venu depuis, travailla sous son plan et, en conservant le fond de ses lois, il abolit le reste. Mahomet, qui a paru le dernier sur la scène, a pris dans l'une et dans l'autre religions de quoi composer la sienne et s'est ensuite déclaré l'ennemi de toutes les deux. Voyons les caractères de ces trois législateurs, examinons leur conduite, afin qu'on juge après cela lesquels sont les mieux fondés, ou ceux qui les révèrent comme des hommes divins, ou ceux qui les traitent de fourbes ou d'imposteurs.

X

DE MOÏSE

Le célèbre Moïse, petit-fils d'un grand magicien[1] au rapport de Justin Martyr, eut tous les avantages propres à le rendre ce qu'il devint par la suite. Chacun sait que les Hébreux, dont il se fit le chef, étaient une nation de pasteurs, que le roi pharaon Osiris Ier » reçut en son pays en considération des services qu'il avait reçus de l'un d'eux dans le temps d'une grande famine : il leur donna quelques terres à l'orient de l'Égypte, dans une contrée fertile en pâturages et, par conséquent, propre à nourrir leurs troupeaux. Pendant près de deux cents ans, ils se multiplièrent considérablement, soit parce qu'y étant considérés comme étrangers, on ne les obligea point à servir dans les armées, soit qu'à cause des privilèges qu'Osiris leur avait accordés, plusieurs naturels du pays se joignirent à eux, soit enfin que quelques bandes d'Arabes fussent venues se joindre à eux en qualité de leurs frères, car ils étaient d'une même race. Quoi qu'il en soit, ils se multiplièrent si étonnamment que, ne pouvant plus tenir dans la contrée de Gossen, ils se répandirent dans toute l'Égypte et donnèrent au pharaon une juste raison de craindre qu'ils ne fussent capables de quelques entreprises dangereuses au cas où l'Égypte fût attaquée (comme cela arrivait alors assez souvent) par les Éthiopiens, ses ennemis assidus. Ainsi, une raison d'État obligea ce prince à leur ôter leurs privilèges et à chercher les moyens de les affaiblir et de les asservir.

Pharaon Horus, surnommé Busiris à cause de sa cruauté, lequel succéda à Memnon, suivit son plan à l'égard des Hébreux et, voulant éterniser sa mémoire par l'érection des pyramides et en bâtissant la ville de Thèbes, il condamna les Hébreux à travailler les briques, à la formation desquelles les terres de leur pays étaient très propres. C'est pendant cette servitude que naquit le célèbre Moïse ; la même année que le roi ordonna qu'on jetât dans le Nil tous les enfants mâles des Hébreux, voyant qu'il n'y avait pas de plus sûr moyen de faire périr cette peuplade d'étrangers. Ainsi, Moïse fut exposé à périr par les eaux dans un panier enduit de bitume, que sa mère plaça dans les joncs sur les bords du fleuve. Le hasard voulut que Thermutis, fille du pharaon Horus, vînt se promener de ce côté-là et qu'ayant ouï les cris de cet enfant, la compassion si naturelle à son sexe lui inspirât le désir de le sauver. Horus étant mort, Thermutis lui succéda et, Moïse lui ayant été présenté, elle lui fit donner une éducation telle qu'on pouvait la donner à un fils de la reine d'une nation alors la plus savante et la plus polie de l'univers. En un mot, en disant qu'il *fut élevé dans toutes les sciences des Égyptiens*, c'est tout dire, et c'est nous présenter Moïse comme le plus grand politique, le plus savant naturaliste et le plus fameux magicien de son temps. Outre qu'il est fort apparent qu'il fut admis dans l'ordre des prêtres, qui étaient, en Égypte, ce que les druides étaient dans les Gaules. Ceux qui ne savent pas quel était alors le gouvernement de l'Égypte ne seront peut-être pas fâchés d'apprendre que ses fameuses dynasties ayant pris fin et tout le pays dépendant d'un seul souverain, elle était divisée alors en plusieurs contrées qui n'avaient pas une trop grande étendue. On nommait monarques les gouverneurs de ces contrées et ces gouverneurs étaient ordinairement du puissant ordre des prêtres, qui possédaient près d'un tiers de l'Égypte. Le roi nommait à ces monarchies, et, si l'on en croit les auteurs qui ont écrit de Moïse, en comparant ce qu'ils en ont dit avec ce que Moïse en a lui-même écrit, on conclura qu'il était monarque de la contrée de Gossen et qu'il devait son élévation à Thermutis, à qui il devait aussi la vie. Voilà quel fut Moïse en Égypte, où il eut tout le temps et les moyens d'étudier les mœurs des Égyptiens et celles de sa nation, leurs passions dominantes, leurs inclinations; connaissances dont il se servit dans la suite pour exciter la révolution dont il fut le moteur.

Thermutis étant morte, son successeur renouvela la persécution contre les Hébreux et Moïse, déchu de la faveur où il avait été, eut peur de ne pouvoir justifier quelques homicides qu'il avait commis; ainsi, il prit le parti de fuir. Il se retira dans l'Arabie Pétrée, qui confine à l'Égypte; le hasard l'ayant conduit chez un chef de quelque tribu du pays, les services qu'il rendit et les talents que son maître crut remarquer en lui lui méritèrent ses bonnes grâces et une de ses filles en mariage. Il est à propos de remarquer ici que Moïse était si mauvais Juif et qu'il connaissait alors si peu le redoutable Dieu qu'il imagina dans la suite, qu'il épousa une idolâtre et qu'il ne pensa pas seulement à circoncire ses enfants.

C'est dans les déserts de cette Arabie qu'en gardant les troupeaux de son beau-père et de son beau-frère, il conçut le dessein de se venger de l'injustice que le roi d'Égypte lui avait faite, en portant le trouble et la sédition dans le cœur de ses États. Il se flattait de pouvoir aisément réussir, tant à cause de ses talents que par les dispositions où il savait trouver ceux de sa nation, déjà irrités contre le gouvernement par les mauvais traitements qu'on leur faisait éprouver.

Il paraît, par l'histoire qu'il a laissée de cette révolution, ou du moins que nous a laissée l'auteur des livres qu'on attribue à Moïse, que Jéthro, son beau-père, était du complot, aussi bien que son frère Aaron et sa sœur Marie, qui était restée en Égypte et avec qui il avait sans doute entretenu correspondance.

Quoi qu'il en soit, on voit par l'exécution qu'il avait formé un vaste plan en bon politique, et qu'il sut mettre en œuvre contre l'Égypte toute la science qu'il y avait apprise, je veux dire sa prétendue magie : en quoi il était plus subtil et plus habile que tous ceux qui faisaient métier des mêmes tours d'adresse à la cour de pharaon.

C'est par ces prétendus prodiges qu'il gagna la confiance de ceux de sa nation qu'il fit soulever, et auxquels se joignirent les mutins et mécontents égyptiens, éthiopiens et arabes. Enfin, vantant la puissance de sa divinité, les fréquents entretiens qu'il avait avec elle, en la faisant intervenir dans toutes les mesures qu'il prenait avec les chefs de la révolte, il les persuada si bien qu'ils le suivirent au nombre de six cent mille hommes combattants, sans les femmes et les enfants, à travers les déserts de l'Arabie, dont il connaissait tous les détours. Après six jours de marche, dans une pénible retraite, il prescrivit à ceux qui le suivaient de consacrer le septième jour à son Dieu par un repos public, afin de leur faire croire que Dieu le favorisait, qu'il approuvait sa domination, et afin que personne n'eût l'audace de le contredire.

Il n'y eut jamais de peuple plus ignorant que les Hébreux, ni, par conséquent, plus crédule. Pour être convaincu de cette ignorance profonde, il ne faut que se souvenir dans quel état ce peuple était en Égypte, lorsque Moïse le fit révolter; il était haï des Égyptiens à cause de sa profession de pâtre, persécuté par le souverain et employé aux travaux les plus vils. Au milieu d'une telle populace, il ne fut pas bien difficile à Moïse de faire valoir ses talents. Il leur fit accroire que son Dieu (qu'il nomma quelquefois simplement un *Ange)*, le dieu de leurs pères, lui était apparu: que c'était par son ordre qu'il prenait soin de les conduire; qu'il l'avait choisi pour les gouverner, et qu'ils seraient le peuple favori de ce dieu, pourvu qu'ils crussent ce qu'il leur dirait de sa part. L'usage adroit de ses prestiges et de la connaissance qu'il avait de la nature fortifia ces exhortations et il confirmait ce qu'il leur avait dit par ce qu'on appelle des prodiges, qui sont capables de faire toujours beaucoup d'impression sur la populace imbécile.

On peut remarquer surtout qu'il crut avoir trouvé un moyen sûr de tenir les Hébreux soumis à ses ordres en les persuadant que Dieu était lui-même leur conducteur de nuit, sous la figure d'une colonne de feu, et de jour sous la forme d'une nuée. Mais aussi on peut prouver que ce fut là la fourberie la plus grossière de cet imposteur. Il avait appris, pendant le séjour qu'il avait fait en Arabie, que, comme le pays était vaste et inhabité, c'était la coutume de ceux qui voyageaient par troupes de prendre des guides qui les conduisaient, la nuit, par le moyen d'un brasier dont ils suivaient la flamme et, de jour, par la fumée du même brasier, que tous les membres de la caravane pouvaient découvrir et, par conséquent, ne se point égarer. Cette coutume était encore en usage chez les Mèdes et les Assyriens; Moïse s'en servit et la fit passer pour un miracle et pour une marque de la protection de son Dieu. Qu'on ne m'en croie pas quand je dis que c'est un fourbe; qu'on en croie Moïse lui-même, qui, au 10e chapitre des Nombres (v. 19), jusqu'au 33e, prie son beau-frère Hobab de venir avec les Ismaélites, afin qu'il leur montrât le chemin, parce qu'il connaissait le pays. Cela est démonstratif, car si c'était Dieu qui marchait devant Israël nuit et jour en nuée ou en colonne de feu, pouvaient-ils avoir un meilleur guide? Cependant, voilà Moïse qui exhorte son beau-frère par les motifs les plus pressants à lui servir de guide: donc, la nuée et la colonne de feu n'étaient Dieu que pour le peuple, et non pour Moïse.

Les pauvres malheureux, ravis de se voir adopter par le Maître des Dieux au sortir d'une cruelle servitude, applaudirent Moïse et jurèrent de lui obéir aveuglément. Son autorité étant confirmée, il voulut la rendre perpétuelle et, sous le prétexte spécieux d'établir le culte de ce Dieu, dont il se disait le lieutenant, il fit d'abord son frère et ses enfants chefs du palais royal, c'est-à-dire du lieu où il trouvait à propos de faire rendre les oracles :

ce lieu était hors de la vue et de la présence du peuple. Ensuite, il fit ce qui s'est toujours pratiqué dans les nouveaux établissements, à savoir des prodiges, des miracles dont les simples étaient éblouis, quelques-uns étourdis, qui faisaient pitié à ceux qui étaient pénétrants et qui lisaient au travers de ces impostures.

Quelque rusé que fût Moïse, il eût eu bien de la peine à se faire obéir s'il n'avait eu la force en main. La fourberie sans les armes réussit rarement.

Malgré le grand nombre de dupes qui se soumettaient aveuglément aux volontés de cet habile législateur, il se trouva des personnes assez hardies pour lui reprocher sa mauvaise foi, en lui disant que, sous de fausses apparences de justice et d'égalité, il s'était emparé de tout ; que l'autorité souveraine étant attachée à sa famille, nul n'avait plus droit d'y prétendre, et qu'il était enfin moins le père que le tyran du peuple. Mais dans ces occasions Moïse, en profond politique, perdait ces esprits forts et n'épargnait aucun de ceux qui blâmaient son gouvernement.

C'est avec de pareilles précautions et en colorant toujours de la vengeance divine ses supplices qu'il régna en despote absolu ; et, pour en finir de la manière qu'il avait commencé, c'est-à-dire en fourbe et en imposteur, il se précipita dans un abîme qu'il avait fait creuser au milieu d'une solitude où il se retirait de temps en temps, sous prétexte d'aller conférer secrètement avec Dieu, afin de se concilier, par là, le respect et la soumission de ses sujets. Au reste, il se jeta dans ce précipice préparé de longue main, afin que son corps ne se trouvât point et qu'on crût que Dieu l'avait enlevé pour le rendre semblable à lui; il n'ignorait pas que la mémoire des patriarches qui l'avaient précédé était en grande vénération, quoiqu'on eût trouvé leurs sépultures, mais cela ne suffisait pas pour contenter son ambition: il fallait qu'on le révérât comme un dieu sur qui la mort n'a point de prise. C'est à quoi tendait, sans doute, ce qu'il dit au commencement de son règne: qu'il *était établi de Dieu pour être le dieu de Pharaon.* Élie, à son exemple, Romulus, Zalmoxis et tous ceux qui ont eu la sotte vanité d'éterniser leur nom ont caché le temps de leur mort pour qu'on les crût immortels.

XI

Mais, pour revenir aux législateurs, il n'y en a point qui n'aient fait émaner leurs *lois*[1] de quelques divinités, et qui n'aient tâché de persuader qu'ils étaient eux-mêmes quelque chose de plus que de simples mortels. Numa Pompilius,

1. Cf. Hobbes, *op. cit.,* Chap. 12, pa. 59 *et 60.*

ayant goûté les douceurs de la solitude, eut peine à la quitter, quoique ce fût pour remplir le trône de Romulus, mais, s'y voyant forcé par les acclamations publiques, il profita de la dévotion des Romains et leur insinua qu'il conversait avec les dieux, qu'ainsi, s'ils le voulaient absolument pour leur roi, ils devaient se résoudre à lui obéir aveuglément et observer religieusement les lois et les instructions divines qui lui avaient été dictées par la nymphe Égérie.

Alexandre le Grand n'eut pas moins de vanité : non content de se voir le maître du monde, il voulut qu'on le crût fils de Jupiter. Persée prétendait aussi tenir sa naissance du même dieu et de la vierge Danaé. Platon regardait Apollon comme son père, qui l'avait eu d'une vierge. Il y eut encore d'autres personnages qui eurent la même folie ; sans doute tous ces grands hommes croyaient-ils ces rêveries fondées sur l'opinion des Égyptiens qui soutenaient que l'esprit de Dieu pouvait avoir commerce avec une femme et la rendre féconde.

XII

DE JÉSUS-CHRIST

Jésus-Christ, qui n'ignorait ni les maximes ni la science des Égyptiens, donna cours à cette opinion ; il la crut propre à son propre dessein. Considérant combien Moïse s'était rendu célèbre, quoiqu'il n'eût commandé qu'un peuple d'ignorants, il entreprit de bâtir sur ce fondement et se fit suivre par quelques imbéciles auxquels il persuada que le Saint-Esprit était son père, et sa mère une vierge. Ces bonnes gens, accoutumés à se payer de songes et de rêveries, adoptèrent ces notions et crurent tout ce qu'il voulut, d'autant plus qu'une pareille naissance n'était pas véritablement quelque chose de trop merveilleux pour eux[1].

Être donc né d'une vierge par l'opération du Saint-Esprit n'est pas plus extraordinaire ni plus miraculeux que ce que content les Tartares de leur Gengiskan, dont une vierge fut aussi la mère ; les Chinois disent que le dieu Foé devait le jour à une vierge rendue féconde par les rayons du soleil.

Ce prodige arriva dans un temps où les Juifs, lassés de leur Dieu, comme ils l'avaient été de leurs juges[2] en voulaient avoir un visible comme

1. Qu'un beau pigeon à tire d'aile
Vienne obombrer une pucelle,
Rien n'est surprenant en cela ;
L'on en vit autant en Lydie
Et le beau cygne de Léda
Vaut bien le Pigeon de Marie.

2. 4e livre de Samuel, chap. 8. Les Israélites, mécontents des enfants de Samuel, demandent un roi.

les autres nations. Comme le nombre des sots est indéfini, Jésus-Christ trouva des sujets partout, mais comme son extrême pauvreté était un obstacle invincible à son élévation[1], les pharisiens, tantôt ses admirateurs, tantôt jaloux de son audace, le déprimaient ou l'élevaient selon l'humeur constante de la populace. Le bruit courut de sa divinité, mais, dénué de forces comme il était, il était impossible que son dessein réussît. Quelques malades qu'il guérit, quelques prétendus morts qu'il ressuscita, lui donnèrent de la vogue ; mais n'ayant ni argent ni armée, il ne pouvait manquer de périr. S'il eût eu ces deux moyens, il n'eût pas moins réussi que Moïse et Mahomet, ou que tous ceux qui ont eu l'ambition de s'élever au-dessus des autres. S'il a été plus malheureux, il n'a pas été moins adroit et quelques endroits de son histoire prouvent que le plus grand défaut de sa politique a été de n'avoir pas assez pourvu à sa sûreté. Du reste, je ne trouve pas qu'il ait plus mal pris ses mesures que les deux autres ; sa loi est au moins devenue la règle de la croyance des peuples qui se flattent d'être les plus sages du monde.

1. Jésus-Christ était de la secte des pharisiens, c'est-à-dire des misérables, et ceux-là étaient tous opposés aux saducéens, qui formaient la secte des riches. Voyez le Talmud.

XIII

De la politique de Jésus-Christ

Est-il rien, par exemple, de plus subtil que la réponse de Jésus au sujet de la femme surprise en adultère ? Les Juifs lui ayant demandé s'ils lapideraient cette femme, au lieu de répondre positivement à la question, ce qui l'aurait fait tomber dans le piège que ses ennemis lui tendaient, la négative étant directement contre la loi et l'affirmative le convainquant de rigueur et de cruauté, ce qui lui eût aliéné les esprits, au lieu, dis-je, de repartir comme eût fait un homme ordinaire, *que celui,* dit-il, *d'entre vous qui est sans péché lui jette la première pierre.* Réponse adroite et qui montre bien la présence de son esprit. Une autre fois, interrogé s'il était permis de payer le tribut de César et voyant l'image du prince sur la pièce qu'on lui montrait, il éluda la difficulté en répondant *qu'on eût à rendre à César ce qui appartenait à César.* La difficulté consistait en ce qu'il se rendait criminel de lèse-majesté s'il niait que cela fût permis, et qu'en disant qu'il le fallait payer il renversait la loi de Moïse, ce qu'il protesta ne vouloir jamais faire, lorsqu'il se crut sans doute trop faible pour le faire impunément, car, quand il se fut rendu plus célèbre, il la renversa presque totalement. Il fit comme ces princes qui promettent toujours de confirmer les privilèges de leurs sujets, pendant que la puissance n'est pas encore établie, mais qui, dans la suite, ne s'embarrassent point de tenir leurs promesses.

Quand les pharisiens lui demandèrent de quelle autorité il se mêlait de prêcher et d'enseigner le peuple, Jésus-Christ, pénétrant leur dessein, qui ne tendait qu'à le convaincre de mensonge, soit qu'il répondit que c'était par une autorité humaine, parce qu'il n'était point du corps sacerdotal, qui seul était chargé de l'instruction du peuple, soit qu'il se vanta de prêcher par l'ordre exprès de Dieu, sa doctrine étant opposée à la loi de Moïse ; il se tira d'affaire en les embarrassant eux-mêmes et en leur demandant au nom de qui Jean avait été baptisé.

Les pharisiens, qui s'opposaient par politique au baptême de Jean, se fussent condamnés eux-mêmes en avouant que c'était au nom de Dieu. S'ils ne l'avouaient pas, ils s'exposaient à la rage de la populace, qui croyait le contraire. Pour sortir de ce mauvais pas, ils répondirent qu'ils n'en savaient rien, à quoi Jésus-Christ répondit qu'il n'était pas obligé de leur dire pourquoi et au nom de qui il prêchait.

XIV

Telles étaient les défaites du destructeur de l'ancienne loi et du père de la nouvelle religion, qui fut bâtie sur les ruines de l'ancienne, où un esprit désintéressé ne voit rien de plus divin que dans les Religions qui l'ont précédée. Son fondateur, qui n'était pas tout à fait ignorant, voyant l'extrême corruption de la république des Juifs, la jugea proche de sa fin et crut qu'une autre devait renaître de ses cendres.

La crainte d'être prévenu par des hommes plus adroits que lui le fit hâter de s'établir par des moyens opposés à ceux de Moïse. Celui-ci commença par se rendre terrible et formidable aux autres nations; Jésus-Christ, au contraire, les attira à lui par l'espérance des avantages d'une autre vie que l'on obtiendrait, disait-il, en croyant en lui; tandis que Moïse ne promettait que des biens temporels aux observateurs de sa loi, Jésus-Christ en fit espérer qui ne finiraient jamais. Les lois de l'un ne regardaient que l'extérieur, celles de l'autre vont jusqu'à l'intérieur, influent sur les pensées et prennent en tout le contre-pied de la loi de Moïse. D'où il s'ensuit que Jésus-Christ crut, avec Aristote, qu'il en est de la religion et des États comme de tous les individus qui s'engendrent et qui se corrompent. Et comme il ne se fait rien que de ce qui s'est corrompu, nulle loi ne cède à l'autre qui ne lui soit toute opposée. Or, comme on a de la peine à se résoudre de passer d'une loi à une autre et comme la plupart des esprits sont difficiles à ébranler en matière de religion, Jésus-Christ, à l'imitation des autres novateurs, eut recours aux miracles, qui ont toujours été l'écueil des ignorants et l'asile des ambitieux adroits.

XV

Par ce moyen, le christianisme étant fondé, Jésus-Christ songea habilement à profiter des erreurs de la politique de Moïse et à rendre la nouvelle loi éternelle, entreprise qui lui réussit au-delà, peut-être, de ses espérances. Les prophètes hébreux pensaient faire honneur à Moïse en prédisant un successeur qui lui ressemblerait, c'est-à-dire un messie grand en vertus, puissant en biens et terrible à ses ennemis. Cependant, leurs prophéties ont produit un effet tout contraire, quantité d'ambitieux ayant pris de là l'occasion de se faire passer pour le messie annoncé, ce qui causa des révoltes qui ont duré jusqu'à l'entière destruction de l'ancienne république des Hébreux. Jésus-Christ, plus habile que les prophètes mosaïques, pour discréditer d'avance ceux qui s'élèveraient contre lui, a prédit qu'un tel homme serait le grand ennemi de Dieu, le favori des démons, l'assemblage de tous les vices et la désolation du monde.

Après de si beaux éloges, il paraît que personne ne doit être tenté de se dire l'*Antéchrist*, et je ne crois pas qu'on puisse trouver de meilleur secret pour éterniser une loi, quoiqu'il n'y ait rien de plus fabuleux que tout ce qu'on a débité de cet Antéchrist prétendu. Saint Paul disait, de son vivant, qu'il était déjà né, par conséquent, qu'on était à la veille de l'avènement de Jésus-Christ; cependant, il y a plus de 1660 ans d'écoulés depuis la prédication de la naissance de ce formidable personnage, sans que personne en ait ouï parler. J'avoue que quelques-uns ont appliqué ces paroles à Ébiron et à Cérinthus, deux grands ennemis de Jésus-Christ, dont ils combattirent la prétendue divinité; mais on peut dire aussi que si cette interprétation est conforme au sens de l'Apôtre, ce qui n'est nullement croyable, ces paroles désignent dans tous les siècles une infinité d'Antéchrists, n'y ayant point de vrais savants qui croient blesser la vérité en disant que l'histoire de Jésus-Christ est une fable[1] méprisable et que sa loi n'est qu'un tissu de rêveries que l'ignorance a mis en vogue, que l'intérêt entretient et que la tyrannie protège.

1. C'est le jugement qu'en portait le pape Léon X, comme il paraît par ce mot si connu et si hardi dans un siècle où l'esprit philosophique avait fait encore si peu de progrès: « On sait de temps immémorial (disait-il au cardinal Bembo) combien cette fable de Jésus-Christ nous a été profitable. » *Quantum nobis nostrisque que ea de Christo fabula profuerit, satis est omnibus seculis notum.*

XVI

On prétend néanmoins qu'une religion établie sur ces fondements si faibles est divine et surnaturelle, comme si on ne savait pas qu'il n'y a point de gens plus propres à donner cours aux plus absurdes opinions que les femmes et les sots; il n'est donc pas merveilleux que Jésus-Christ n'eut pas de savant à sa suite, il savait bien que sa loi ne pouvait s'accorder avec le bon sens; voilà, sans doute, pourquoi il déclamait si souvent contre les sages, qu'il exclut de son royaume, où il n'admet que les pauvres d'esprit, les simples et les imbéciles: les esprits raisonnables doivent se consoler de n'avoir rien à démêler avec les insensés.

XVII

Quant à la morale de Jésus-Christ, on n'y voit rien de divin qui la doive faire préférer aux écrits des Anciens, ou plutôt tout ce qu'on y voit en est tiré ou imité. Saint Augustin[1] avoue qu'il a trouvé dans quelques-uns de leurs écrits tout le commencement de l'Évangile selon saint Jean; ajoutez à cela que l'on remarque que cet apôtre était tellement accoutumé à piller les autres qu'il n'a point fait difficulté à dérober aux prophètes leurs

1. *Confessions, liv. 7,* chap. 9, vers 20.

énigmes et leurs visions pour en composer son Apocalypse. D'où vient, par exemple, la conformité qui se trouve entre la doctrine du Vieux ou du Nouveau Testament et les écrits de Platon, sinon de ce que les rabbins et ceux qui ont composé les Écritures ont pillé ce grand homme ? La naissance du monde a plus de vraisemblable dans son *Timée* que dans le livre de la Genèse ; cependant, on ne peut pas dire que cela vienne de ce que Platon aura lu dans son voyage d'Égypte des livres judaïques, puisqu'au rapport de saint Augustin[1], le roi Ptolémée ne les avait pas encore fait traduire quand ce philosophe y voyagea.

La description du pays que Socrate fait à Simias dans le *Phédon* a infiniment plus de grâce que le paradis terrestre ; et la fable des Androgynes[2] est sans comparaison mieux trouvée que tout ce que nous apprenons de la Genèse au sujet de l'extraction de l'une des côtes d'Adam pour en former la femme, etc. Y a-t-il encore rien qui ait plus de rapport aux deux embrasements de Sodome et de Gomorrhe que celui que causa Phaéton ? Y a-t-il rien de plus conforme que la chute de Lucifer et celle de Vulcain, ou celle des Géants abîmés par la foudre de Jupiter ? Quelles choses se ressemblent mieux que Samson et Hercule, Élie et

1. *Confessions. Liv.* 7, Chap. 9, Vers. 20.
2. Voyez dans *le Banquet* de Platon, le discours d'Aristophane.

Phaéton, Joseph et Hippolyte, Nabuchodonosor et Lycaon, Tantale et le mauvais riche, la manne des Israélites et l'ambroisie des Dieux ? Saint Augustin[1] saint Cyrille et Théophilacte comparent Jonas à Hercule, surnommé *Trinoctius,* parce qu'il fut trois jours et trois nuits dans le ventre de la baleine.

Le fleuve de Daniel, représenté au chapitre VII de ses prophéties, est une imitation visible du Pyriphlégéton, dont il est parlé au dialogue de l'immortalité de l'âme. On a tiré le péché originel de la boîte de Pandore, le sacrifice d'Isaac et de Jephté de celui d'Iphigénie, en la place de laquelle une biche fut substituée. Ce qu'on rapporte de Loth et de sa femme est tout à fait conforme à ce que la fable nous apprend de Baucis et de Philémon ; l'histoire de Bellérophon est le fondement de celle de saint Michel et du démon qu'il vainquit ; enfin, il est constant que les auteurs de l'Écriture ont transcrit presque mot à mot les œuvres d'Hésiode et d'Homère.

XVIII

Quant à Jésus-Christ, Celse montrait, au rapport d'Origène[2] qu'il avait tiré de Platon ses plus

1. La *Cité de Dieu,* liv. 1, chap. 14.
2. Liv. 6, Contre Celse.

belles sentences. Telle est celle qui porte qu'*un chameau passerait plutôt par le trou d'une aiguille,* qu'*il n'est aisé à un riche d'entrer dans le royaume de Dieu*[1]. C'est à la secte des pharisiens, dont il était, que ceux qui croient en lui doivent la croyance qu'ils ont de l'immortalité de l'âme, de la résurrection, de l'enfer, et la plus grande partie de sa morale, où je ne vois rien qui ne soit dans celle d'Épictète, d'Épicure et de quantité d'autres; ce dernier était cité par saint Jérôme[2] comme un homme dont la vertu faisait honte aux meilleurs chrétiens et dont la vie était si tempérante que ses meilleurs repas n'étaient qu'un peu de fromage, du pain et de l'eau. Avec une vie si frugale, ce philosophe, tout païen qu'il était, disait qu'il valait mieux être infortuné et raisonnable que d'être riche et opulent sans avoir de raison; ajoutant qu'il est rare que la fortune et la sagesse se trouvent réunies sous un même sujet et qu'on ne saurait être heureux ni vivre satisfait qu'autant que notre félicité est accompagnée de prudence, de justice et d'honnêteté, qui sont les qualités d'où résulte la vraie et la solide volupté.

Pour Épictète, je ne crois pas que jamais aucun homme, sans en excepter Jésus-Christ, ait été plus ferme, plus austère, plus égal et ait eu une morale pratique plus sublime que la sienne. Je ne dis rien

1. Liv. 8, chap. 4.
2. Liv. 2, Contre Jovinien, chap. 8.

qu'il ne me fût aisé de prouver si c'en était ici le lieu, mais de peur de passer les bornes que je me suis prescrites, je ne rapporterai, des belles actions de sa vie, qu'un seul exemple. Étant esclave d'un affranchi, nommé Épaphrodite, capitaine des gardes de Néron, il prit fantaisie à ce brutal de lui tordre la jambe. Épictète, s'apercevant qu'il y prenait plaisir, lui dit en souriant qu'il voyait bien qu'il ne finirait pas qu'il ne lui eût cassé la jambe; ce qui arriva comme il l'avait prédit. *Eh bien!* continua-t-il d'un visage égal et riant, *ne vous avais-je pas bien dit que vous me casseriez la jambe?* Y eut-il jamais de constance pareille à celle-là? Et peut-on dire que Jésus-Christ ait été jusque là, lui qui pleurait et suait de peur à la moindre alarme qu'on lui donnait et qui témoigna, près de mourir, une pusillanimité tout à fait méprisable et que l'on ne vit point chez ses martyrs.

Si l'injure des temps ne nous eût pas ravi le livre qu'Arrien avait fait de la vie et de la mort de notre philosophe, je suis persuadé que nous verrions bien d'autres exemples de sa patience. Je ne doute pas qu'on ne dise de cette action ce que les prêtres disent des vertus des philosophes, que c'est une vertu dont la vanité est la base et qui n'est point en effet ce qu'elle paraît. Mais je sais bien que ceux qui tiennent ce langage sont de ces gens qui disent en chaire tout ce qui leur vient à la bouche et croient avoir bien gagné l'argent qu'on leur donne pour instruire le peuple, quand ils ont déclamé contre les seuls hommes qui sachent ce que c'est que la droite raison et la véritable vertu; tant il est vrai que rien au monde n'approche si peu des mœurs des vrais sages que les actions de ces hommes superstitieux qui les décrient; ceux-ci semblent n'avoir étudié que pour parvenir à un poste qui leur donne du pain, ils sont vains et s'applaudissent quand ils l'ont obtenu, comme s'ils étaient parvenus à un état de perfection, bien qu'il ne soit pour ceux qui obtiennent qu'un état d'oisiveté, d'orgueil, de licence et de volupté, où la plupart ne suivent rien moins que les maximes de la religion qu'ils professent. Mais laissons là des gens qui n'ont aucune idée de la vertu réelle, pour examiner la divinité de leur maître.

XIX

Après avoir examiné la politique et la morale du Christ, où l'on ne trouve rien d'aussi utile et d'aussi sublime que dans les écrits des anciens philosophes, voyons si la réputation qu'il s'est acquise après sa mort est une preuve de sa divinité: le peuple est si accoutumé à la déraison que je m'étonne qu'on ne prétende tirer aucune conséquence de sa conduite; l'expérience nous prouve qu'il court toujours après des fantômes et qu'il ne fait et ne dit rien qui marque du bon sens. Cependant, c'est sur de pareilles chimères, qui ont été de tout temps en vogue, malgré les efforts des savants qui s'y sont toujours opposés, que l'on fonde sa croyance. Quelques soins qu'ils aient pris pour déraciner les folies régnantes, le peuple ne les a quittées qu'après en avoir été rassasié.

Moïse eut beau se vanter d'être l'interprète de Dieu et prouver sa mission et ses droits par des signes extraordinaires, pour peu qu'il s'absentât (ce qu'il faisait de temps à autre pour conférer, disait-il, avec Dieu et ce que firent pareillement Numa Pompilius et plusieurs législateurs), pour peu, dis-je, qu'il s'absentât, il ne trouvait à son retour que les traces du culte des dieux que les Hébreux avaient vues en Égypte. Il eut beau les tenir quarante ans dans un désert pour leur faire perdre l'idée des dieux qu'ils avaient quittés, ils ne les avaient pas encore oubliés, ils en voulaient toujours de visibles qui marchassent devant eux, ils les adoraient opiniâtrement, quelque cruauté qu'on leur fît éprouver.

La seule haine qu'on leur inspira pour les autres nations, par un orgueil dont les plus idiots sont capables, leur fit perdre insensiblement le souvenir des dieux d'Égypte, pour s'attacher à celui de Moïse ; on l'adora quelque temps avec toutes les circonstances marquées dans la Loi, mais on le quitta par la suite pour suivre celle de Jésus-Christ, par cette inconstance qui fait courir après la nouveauté.

XX

Les plus ignorants des Hébreux avaient adopté la loi de Moïse ; ce furent aussi de pareilles gens qui coururent après Jésus et comme le nombre en est infini et qu'ils s'aiment les uns les autres, on ne doit pas s'étonner si ces nouvelles erreurs se répandirent aisément. Ce n'est pas que les nouveautés ne soient dangereuses pour ceux qui les embrassent, mais l'enthousiasme qu'elles excitent anéantit la crainte. Ainsi, les disciples de Jésus-Christ, tout misérables qu'ils étaient à sa suite, et tous mourant de faim (comme on le voit par la nécessité où ils furent un jour, avec leur conducteur, d'arracher des épis dans les champs pour se nourrir), les disciples de Jésus-Christ, dis-je, ne commencèrent à se décourager que lorsqu'ils virent leur maître entre les mains des bourreaux et hors d'état de leur donner les biens, la puissance et la grandeur qu'il leur avait fait espérer.

Après sa mort, ses disciples, au désespoir de se voir frustrés de leurs espérances, firent de nécessité vertu. Bannis de tous les lieux et poursuivis par les Juifs qui les voulaient traiter comme leur maître, ils se répandirent dans les contrées voisines, où, sur le rapport de quelques femmes, ils débitèrent sa résurrection, sa filiation divine et le reste des fables dont les Évangiles sont si remplis.

La peine qu'ils avaient à réussir parmi les Juifs

les fit résoudre à chercher fortune parmi des étrangers, mais comme il fallait plus de science qu'ils n'en avaient, les gentils étant philosophes, et par conséquent trop amis de la raison pour se rendre à des bagatelles, les sectateurs de Jésus gagnèrent un jeune homme[1] d'un esprit bouillant et actif, un peu mieux intruit que des pécheurs sans lettres, ou plus capable de faire écouter son babil. Celui-ci, s'associant avec eux par un coup du ciel (car il fallait du merveilleux), attira quelques partisans à la secte naissante par la crainte des prétendues peines d'un Enfer, imité des fables des anciens poètes, et par l'espérance des joies du Paradis, où il eut l'impudence de faire dire qu'il avait été enlevé.

Ces disciples, à force de prestiges et de mensonges, procurèrent à leur maître l'honneur de passer pour un Dieu, honneur auquel Jésus, de son vivant, n'avait pu parvenir. Son sort ne fut pas meilleur que celui d'Homère, ni même honorable, puisque six des villes qui avaient chassé et méprisé ce dernier pendant sa vie se firent la guerre pour savoir à qui resterait l'honneur de lui avoir donné le jour.

1. Saint Paul.

XXI

On peut juger par tout ce que nous avons dit que le christianisme n'est, comme toutes les autres religions, qu'une imposture grossièrement tissue, dont le succès et les progrès étonneraient même ses inventeurs s'ils revenaient au monde; mais, sans nous engager plus avant dans un labyrinthe d'erreurs et de contradictions visibles dont nous avons assez parlé, disons quelque chose de Mahomet, lequel a fondé une loi sur des maximes toutes opposées à celles de Jésus-Christ.

XXII

DE MAHOMET

À peine les disciples du Christ avaient-ils éteint la loi mosaïque, pour introduire la loi chrétienne, que les hommes, entraînés par leur inconstance ordinaire, suivirent un nouveau législateur, qui s'éleva par les mêmes voies que Moïse. Il prit comme lui le titre de prophète et d'envoyé de Dieu; comme lui, il fit des miracles et sut mettre à profit les passions du peuple. D'abord, il se vit escorté d'une populace ignorante, à laquelle il exprimait les nouveaux oracles du ciel. Ces misérables, séduits par les promesses et les fables de ce nouvel imposteur, répandirent sa renommée et l'exaltèrent au point d'éclipser celle de ses prédécesseurs.

Mahomet n'était pas un homme qui parût propre à fonder un empire, il n'excellait ni en politique ni en philosophie[1] ; il ne savait ni lire ni écrire. Il avait même si peu de fermeté qu'il eût souvent abandonné son entreprise s'il n'eût été forcé à soutenir la gageure par l'adresse d'un de ses sectateurs. Dès qu'il commença à s'élever et à devenir célèbre, Corais, puissant Arabe, jaloux qu'un homme de néant eût l'audace d'abuser le peuple, se déclara son ennemi et traversa son

1. « Mahomet, dit le comte de Boulainvilliers, était ignorant des lettres vulgaires, je veux le croire ; mais il ne l'était pas assurément de toutes les connaissances qu'un grand voyageur peut acquérir avec beaucoup d'esprit naturel, lorsqu'il s'efforce de l'employer utilement. Il n'était point ignorant dans sa propre langue, dont l'usage, et non la lecture, lui avait appris toute la finesse et les beautés. Il n'était pas ignorant dans l'art de savoir rendre odieux ce qui est véritablement condamnable et de peindre la vérité avec des couleurs simples et vives, qui ne permettent pas de la méconnaître. En effet, tout ce qu'il a dit est vrai par rapport aux dogmes essentiels de la religion, mais il n'a pas dit tout ce qui est vrai, et c'est en cela seul que notre religion diffère de la sienne. » Il ajoute plus bas que Mahomet n'est ni grossier ni barbare, qu'il a conduit son entreprise avec tout l'art, toute la délicatesse, toute la constance, l'intrépidité, les grandes vues dont Alexandre et César eussent été capables à sa place, etc. » *(Vie de Mahomet,* par le comte de Boulainvilliers, liv. 2, pp. 266, 267 et 268, édition d'Amsterdam, 1731.)

entreprise, mais le peuple, persuadé que Mahomet avait des conférences continuelles avec Dieu et ses anges, fit qu'il l'emporta sur son ennemi. La famille de Corais eut le dessous et Mahomet, se voyant suivi d'une foule imbécile qui le croyait un homme divin, crut n'avoir plus besoin de son compagnon ; mais de peur que celui-ci ne découvrît ses impostures, il voulut le prévenir et, pour le faire plus sûrement, il l'accabla de promesses et lui jura qu'il ne voulait devenir grand que pour partager avec lui son pouvoir, auquel il avait tant contribué. « Nous touchons, dit-il, au temps de notre élévation, nous sommes sûrs d'un grand peuple que nous avons gagné, il s'agit de nous assurer de lui par l'artifice que vous avez si heureusement imaginé. » En même temps, il le persuada de se cacher dans la fosse des Oracles.

C'était un puits d'où il parlait pour faire croire au peuple que la voix de Dieu se déclarait pour Mahomet, qui était au milieu de ses prosélytes. Trompé par les caresses de ce perfide, son associé alla dans la fosse contrefaire l'oracle à son ordinaire ; Mahomet passant alors à la tête d'une multitude infatuée, on entendit une voix qui disait : « Moi, je suis votre Dieu, je déclare que j'ai établi Mahomet pour être le prophète de toutes les nations ; ce sera de lui que vous apprendrez ma véritable loi, que les Juifs et les chrétiens ont altérée. » Il y avait longtemps que cet homme jouait ce rôle, mais enfin il fut payé par la plus grande et la plus noire ingratitude. En effet, Mahomet, entendant la voix qui le proclamait un homme divin, se tournant vers le peuple, lui commanda, au nom de ce Dieu qui le reconnaissait pour son prophète, de combler de pierres cette fosse, d'où était sorti en sa faveur un témoignage si authentique, en mémoire de la pierre que Jacob éleva pour marquer le lieu où Dieu lui était apparu. Ainsi périt le misérable qui avait contribué à l'élévation de Mahomet ; ce fut sur cet amas de pierres que le dernier des plus célèbres imposteurs a établi sa loi. Ce fondement est si solide et fixé de telle sorte qu'après plus de mille ans de règne, on ne voit pas encore d'apparence qu'il soit sur le point d'être ébranlé.

XXIII

Ainsi Mahomet s'éleva et fut plus heureux que Jésus, en ce qu'il vit avant sa mort le progrès de sa loi, ce que le fils de Marie ne put faire à cause de sa pauvreté. Il fut même plus heureux que Moïse, qui, par un excès d'ambition, se précipita lui-même pour finir ses jours. Mahomet mourut en paix et au comble de ses souhaits ; il avait de plus quelque certitude que sa doctrine subsisterait après sa mort, l'ayant accommodée au génie de ses sectateurs, nés et élevés dans l'ignorance ; ce qu'un homme plus habile n'eût peut-être pu faire.

Voilà, lecteur, ce qu'on peut dire de plus remarquable touchant les trois célèbres législateurs dont les religions ont subjugué une grande partie de l'univers. Ils étaient tels que nous les avons dépeints; c'est à vous d'examiner s'ils méritent que vous les respectiez et si vous êtes excusables de vous laisser conduire par des guides que la seule ambition a élevés et dont l'ignorance éternise les rêveries. Pour vous guérir des erreurs dont ils vous ont aveuglés, lisez ce qui suit avec un esprit libre et désintéressé, ce sera le moyen de découvrir la vérité.

Chapitre IV

Vérités sensibles et évidentes.

I

Moïse, Jésus et Mahomet étant tels que nous venons de les peindre, il est évident que ce n'est point dans leurs écrits qu'il faut chercher une véritable idée de la divinité. Les apparitions et les conférences de Moïse et de Mahomet, de même que l'origine divine de Jésus, sont les plus grandes impostures qu'on ait pu mettre au jour et que vous devez fuir si vous aimez la vérité.

II

Dieu n'étant, comme on a vu, que la nature, ou, si l'on veut, l'assemblage de tous les êtres, de toutes les propriétés et de toutes les énergies est nécessairement la cause immanente et non distincte de ses effets; il ne peut être appelé ni bon, ni méchant, ni juste, ni miséricordieux, ni jaloux; ce sont des qualités qui ne conviennent qu'à l'homme; par conséquent, il ne saurait ni punir ni récompenser. Cette idée de punitions et de récompenses ne peut séduire que des ignorants, qui ne conçoivent l'Être simple, qu'on nomme *Dieu,* que sous des images qui ne lui conviennent nullement. Ceux qui se servent de leur jugement, sans confondre ses opérations avec celles de l'imagination, et qui ont la force de se défaire des préjugés de l'enfance, sont les seuls qui s'en fassent une idée claire et distincte. Ils l'envisagent comme la source de tous les Êtres, qui les produit sans distinction, les uns n'étant pas préférables aux autres à son égard et l'homme ne lui coûtant pas plus à produire que le plus petit vermisseau ou la moindre plante.

III

Il ne faut donc pas croire que l'Être universel, qu'on nomme communément *Dieu,* fasse plus de cas d'un homme que d'une fourmi, d'un lion plus que d'une pierre. Il n'y a rien à son égard de beau ou de laid, de bon ou de mauvais, de parfait ou d'imparfait. Il ne s'embarrasse point d'être loué, prié, recherché, caressé ; il n'est point ému de ce que les hommes font ou disent, il n'est susceptible ni d'amour ni de haine ; en un mot, il ne s'occupe pas plus de l'homme que du reste des créatures, de quelque nature qu'elles soient. Toutes ces distinctions ne sont que des inventions d'un esprit borné ; l'ignorance les imagina et l'intérêt les fomente.

IV

Ainsi, tout homme sensé ne peut croire ni dieu, ni enfer, ni esprit, ni diables, de la manière qu'on en parle communément. Tous ces grands mots n'ont été forgés que pour éblouir ou intimider le vulgaire. Que ceux donc qui veulent se convaincre encore mieux de cette vérité prêtent une sérieuse attention à ce qui suit et s'accoutument à ne porter des jugements qu'après de mûres réflexions.

V

Une infinité d'astres que nous voyons au-dessus de nous ont fait admettre autant de corps solides où ils se meuvent, parmi lesquels il y en a un destiné à la cour céleste, où Dieu se tient comme un roi au milieu de ses courtisans. Ce lieu est le séjour des bienheureux, où l'on suppose que les bonnes âmes vont se rendre en quittant le corps. Mais, sans nous arrêter à une opinion si frivole et que nul homme de bon sens ne peut admettre, il est certain que ce que l'on appelle *ciel* n'est autre chose que la continuation de l'air qui nous environne, fluide dans lequel les planètes se meuvent, sans être soutenues par aucune masse solide, de même que la Terre que nous habitons.

VI

Comme l'on a imaginé un ciel, dont on a fait le séjour de Dieu et des bienheureux, ou, suivant les païens, des dieux et des déesses, on s'est depuis figuré un *enfer,* ou lieu souterrain, où l'on assure que les âmes des méchants descendent pour y être tourmentées. Mais ce mot *enfer,* dans sa signification naturelle, n'exprime autre chose qu'un lieu bas et creux, que les poètes ont inventé pour opposer à la demeure des habitants célestes, qu'ils ont supposée haute et élevée. Voilà ce que signifient exactement les mots *infernus* ou *inferni* des Latins, ou celui des Grecs, qui entendent un lieu obscur tel qu'un sépulcre, ou tout autre lieu profond et redoutable par son obscurité. Tout ce qu'on en dit n'est que l'effet de l'imagination des poètes ou de la fourberie des prêtres ; tous les discours des premiers sont figurés et propres à faire impression sur des esprits faibles, timides et mélancoliques ; ils furent changés en article de foi par ceux qui ont le plus grand intérêt à soutenir cette opinion.

Chapitre V

De l'âme.

I

L'âme est quelque chose de plus délicat à traiter que ne sont le ciel et l'enfer ; il est donc à propos, pour satisfaire la curiosité du lecteur, d'en parler avec plus d'étendue. Mais, avant de la définir, il faut exposer ce qu'en ont pensé les plus célèbres philosophes ; je le ferai en peu de mots, afin qu'on le retienne avec plus de facilité.

II

Les uns ont prétendu que l'âme est un *esprit*, ou une substance immatérielle ; d'autres ont soutenu que c'est une portion de la divinité ; quelques-uns en font un air très subtil ; d'autres disent que c'est une harmonie de toutes les parties du corps ; enfin, d'autres, que c'est la plus subtile partie du sang, qui s'en sépare dans le cerveau et se distribue par les nerfs. Cela posé, la source de l'âme est le cœur, où elle s'engendre et le lieu où elle exerce ses plus nobles fonctions est le cerveau, vu qu'elle y est plus épurée des parties grossières du sang. Voilà quelles sont les opinions diverses que l'on s'est faites sur l'âme. Cependant, pour les mieux développer, divisons-les en deux classes. Dans l'une seront les philosophes qui l'ont crue corporelle; dans l'autre, ceux qui l'ont regardée comme incorporelle.

III

Pythagore et Platon ont avancé que l'âme était incorporelle, c'est-à-dire un être capable de subsister sans l'aide du corps et qui peut se mouvoir de lui-même. Ils prétendent que toutes les âmes particulières des animaux sont des portions de l'âme universelle du monde, que ces portions sont incorporelles et immortelles, ou de la même nature qu'elle, comme l'on conçoit fort bien que cent petits feux sont de même nature qu'un grand feu d'où ils ont été pris.

IV

Ces philosophes ont cru que l'univers était animé par une substance immatérielle, immortelle et invisible, qui fait tout, qui agit toujours, et qui est la cause de tout mouvement, et la source de toutes les âmes, qui en sont des émanations. Or, comme ces âmes sont très pures et d'une nature infiniment supérieure au corps, elles ne s'unissent pas, disent-ils, immédiatement, mais par le moyen d'un corps subtil comme la flamme, ou cet air subtil et étendu que le vulgaire prend pour le ciel. Ensuite, elles prennent un corps encore moins subtil, puis un autre un peu moins grossier, et toujours ainsi par degrés, jusqu'à ce qu'elles puissent s'unir aux corps sensibles des animaux où elles descendent comme dans des cachots ou des sépulcres. La mort du corps, selon eux, est la vie de l'âme, qui s'y trouvait comme ensevelie, et où elle n'exerçait que faiblement ses plus nobles fonctions; ainsi, par la mort du corps, l'âme sort de sa prison, se débarrasse de la matière, et se réunit à l'âme du monde dont elle était émanée.

Ainsi, suivant cette opinion, toutes les âmes des animaux sont de même nature, et la diversité de leurs fonctions ou facultés ne vient que de la différence des corps où elles entrent.

Aristote[1] admet une intelligence universelle commune à tous les êtres et qui fait à l'égard des intelligences particulières ce que fait la lumière à l'égard des yeux; et comme la lumière rend les objets visibles, l'entendement universel rend ces objets intelligibles.

1. Voyez le *Dictionnaire historique et critique* de Bayle, Article Averroès.

Ce philosophe définit l'âme ce qui nous fait vivre, sentir, concevoir et mouvoir; mais il ne dit point quel est cet Être, qui est la source et le principe de ces nobles fonctions, et par conséquent ce n'est point chez lui qu'il faut chercher l'éclaircissement des doutes que l'on a sur la nature de l'âme.

V

Dicéarque, Asclépiade, et Galien à quelques égards, ont aussi cru que l'âme était incorporelle, mais d'une autre manière; car ils ont dit que l'âme n'est autre chose que l'harmonie de toutes les parties du corps, c'est-à-dire ce qui résulte d'un mélange exact des éléments et de la disposition des parties, des humeurs et des esprits. Ainsi, disent-ils, comme la santé n'est point une partie de celui qui se porte bien, quoi qu'elle soit en lui, de même, quoique l'âme soit dans l'animal, ce n'est point une de ses parties, mais l'accord de toutes celles dont il est composé.

Sur quoi il est à remarquer que ces auteurs croient l'âme incorporelle, sur un principe tout opposé à leur intention; car dire qu'elle n'est point un corps, mais seulement quelque chose d'inséparablement attaché au corps, c'est dire qu'elle est corporelle; puisqu'on appelle corporel non seulement ce qui est corps, mais tout ce qui est forme ou accident, ou ce qui ne peut être séparé de la matière.

Voilà les philosophes qui soutiennent que l'âme est incorporelle ou immatérielle ; on voit qu'ils ne sont pas d'accord avec eux-mêmes, et par conséquent qu'ils ne méritent point d'être crus. Passons à ceux qui ont avoué qu'elle est corporelle ou matérielle.

VI

Diogène a cru que l'âme est composée d'air, d'où il a dérivé la nécessité de respirer ; et il la définit un air qui passe de la bouche par les poumons dans le cœur, où il s'échauffe, et d'où il se distribue ensuite dans tout le corps.

Leucippe et Démocrite ont dit qu'elle était de feu et que, comme le feu, elle était composée d'atomes, qui pénètrent aisément toutes les parties du corps et qui le font mouvoir.

Hippocrate a dit qu'elle était composée d'eau et de feu ; Empédocle de quatre éléments. Épicure a cru, comme Démocrite, que l'âme est composée de feu, mais il ajoute que dans cette composition il entre de l'air, une vapeur, et une autre substance qui n'a point de nom et qui est le principe du sentiment ; que, de ces quatre substances différentes, il se fait un esprit très subtil, qui se répand par tout le corps et qui doit s'appeler *l'âme.*

Descartes soutient aussi, mais pitoyablement, que l'âme n'est point matérielle ; je dis *pitoyable-*

ment, car jamais philosophe ne raisonna si mal sur ce sujet que ce grand homme ; et voici de quelle façon il s'y prend. D'abord, il dit qu'il faut douter de l'existence de son corps ; croire qu'il n'y en a point ; puis raisonner de cette manière : *Il n'y a point de corps ; je suis pourtant, donc je ne suis pas un corps ; par conséquent, je ne puis être qu'une substance qui pense.* Quoique ce beau raisonnement se détruise assez de lui-même, je dirai néanmoins en deux mots quel est mon sentiment.

1° Ce doute que M. Descartes propose est totalement impossible, car quoi qu'on pense quelquefois ne point penser qu'il *y ait* des corps, il est vrai néanmoins qu'il y en a quand on y pense.

2° Quiconque croit qu'il n'y a point de corps doit être assuré qu'il n'en est pas un, nul ne pouvant douter de soi-même, ou, s'il en est assuré, son doute est donc inutile.

3° Lorsqu'il dit que l'âme est une substance qui pense, il ne nous apprend rien de nouveau. Chacun en convient, mais la difficulté est de déterminer ce que c'est que cette substance qui pense, et c'est ce qu'il ne fait pas plus que les autres.

VII

Pour ne point biaiser comme il a fait et pour avoir la plus saine idée qu'on puisse se former de l'âme de tous les animaux, sans en excepter l'homme qui est de la même nature et qui n'exerce des fonctions différentes que par la diversité seule des organes et des humeurs, il faut faire attention à ce qui suit.

Il est certain qu'il y a dans l'univers un fluide très subtil ou une matière très déliée et toujours en mouvement, dont la source est le soleil, le reste est répandu dans les autres corps, plus ou moins, selon leur nature ou leur consistance. Voilà ce que c'est que l'âme du monde; voilà ce qui le gouverne et le vivifie et dont quelque portion est distribuée à toutes les parties qui le composent.

Cette âme est le feu le plus pur qui soit dans l'univers. Il ne brûle pas de soi-même, mais par différents mouvements qu'il donne aux particules des autres corps où il entre, il brûle et fait ressentir sa chaleur. Le feu visible contient plus de cette matière que l'air, celui-ci que l'eau, et la terre en a beaucoup moins; les plantes en ont plus que les minéraux, et les animaux encore davantage. Enfin, ce feu renfermé dans le corps le rend capable des sentiments et c'est ce qu'on appelle *l'âme,* ou ce qu'on nomme les *esprits animaux,* qui se répandent dans toutes les parties du corps. Or il est certain que cette âme, étant de même nature dans tous les animaux, se dissipe à la mort de l'homme, ainsi qu'à celle des bêtes. D'où il suit que ce que les poètes et les théologiens nous disent de l'autre monde est une chimère qu'ils ont enfantée et débitée pour des raisons qu'il est aisé de deviner.

Chapitre VI

Des esprits qu'on nomme démons.

PARAGRAPHE PREMIER

Nous avons dit ailleurs comment la notion des esprits s'est introduite parmi les hommes et nous avons fait voir que ces esprits n'étaient que des fantômes qui n'existaient que dans leur propre imagination.

Les premiers docteurs du genre humain n'étaient pas assez éclairés pour expliquer au peuple ce que c'était que ces fantômes, mais ils ne laissaient pas de lui dire ce qu'ils pensaient. Les uns, voyant que les fantômes se dissipaient et n'avaient nulle consistance, les appelaient *immatériels, incorporels,* des formes sans matière, des couleurs et des figures, sans être néanmoins des corps ni colorés ni figurés, ajoutant qu'ils pouvaient se revêtir d'air comme d'un habit lorsqu'ils voulaient se rendre visibles aux yeux des hommes. Les autres disaient que c'était des corps animés, mais qu'ils étaient faits d'air ou d'une autre matière plus subtile, qu'ils épaississaient à leur gré lorsqu'ils voulaient paraître.

II

Si ces deux sortes de philosophes étaient opposés dans l'opinion qu'ils avaient des fantômes, ils s'accordaient dans les noms qu'ils leur donnaient, car tous les appelaient *démons*; en quoi ils étaient aussi insensés que ceux qui croient voir en dormant les âmes des personnes mortes et que c'est leur propre âme qu'ils voient quand ils se regardent dans un miroir, ou enfin qui croient que les étoiles qu'on voit dans l'eau sont les âmes des étoiles. D'après cette opinion ridicule, ils tombèrent dans une erreur qui n'est pas moins absurde, lorsqu'ils crurent que ces fantômes avaient un pouvoir illimité, notion destituée de raison; mais ordinaire aux ignorants qui s'imaginent que les Êtres qu'ils ne connaissent pas ont une puissance merveilleuse.

III

Cette ridicule opinion ne fut pas plutôt divulguée que les législateurs s'en servirent pour appuyer leur autorité. Ils établirent la croyance des esprits qu'ils appelèrent *religion,* espérant que la crainte que le peuple aurait de ces puissances invisibles le retiendrait dans son devoir; et pour donner plus de poids à ce dogme, ils distinguèrent les esprits ou *démons* en bons et mauvais ; les uns furent destinés à exciter les hommes à observer leurs lois, les autres à les retenir et à les empêcher de les enfreindre.

Pour savoir ce que c'est que les démons, il ne faut que lire les poètes grecs et leurs histoires, et surtout ce qu'en dit Hésiode dans sa *Théogonie*, où il traite amplement de la génération et de l'origine des dieux.

IV

Les Grecs sont les premiers qui les ont inventés ; de chez eux ils ont passé, par le moyen de leurs colonies, dans l'Asie, dans l'Égypte et l'Italie. C'est là où les Juifs, qui s'étaient dispersés à Alexandrie et ailleurs, en ont eu connaissance. Ils s'en sont heureusement servis comme les autres peuples, mais avec cette différence qu'ils n'ont pas nommé *démons*, comme les Grecs, les bons et les mauvais esprits indifféremment, mais seulement les mauvais, réservant au seul bon démon le nom d'*esprit*, de *dieu*, et appelant *prophètes* ceux qui étaient inspirés par le bon esprit ; de plus, ils regardaient comme des effets de l'esprit divin tout ce qu'ils regardaient comme un grand bien, et comme effets du *caco-démon*, ou esprit malin, tout ce qu'ils estimaient un grand mal.

V

Cette distinction du bien et du mal leur fit appeler *démoniaques* ceux que nous nommons *lunatiques, insensés, furieux, épileptiques,* comme aussi ceux qui parlaient un langage inconnu. Un homme mal fait et malpropre était, à leur avis, possédé d'un esprit immonde; un muet l'était d'un esprit muet. Enfin, les mots d'esprit et de *démon* leur devinrent si familiers qu'ils en parlaient en toute rencontre; d'où il est clair que les Juifs croyaient, comme les Grecs, que les esprits ou fantômes n'étaient pas de pures chimères, ni des visions, mais des êtres réels, indépendants de l'imagination.

VI

De là vient que la Bible est toute remplie de contes sur les esprits, les démons et les démoniaques; mais il n'y est dit nulle part comment et quand ils furent créés, ce qui n'est guère pardonnable à Moïse, qui s'est, dit-on, mêlé de parler de la création du Ciel et de la Terre. Jésus, qui parle assez souvent d'anges et d'esprits bons et mauvais, ne nous dit pas non plus s'ils sont matériels ou immatériels. Cela fait voir que tous les deux ne savaient que ce que les Grecs en avaient appris à leurs ancêtres. Sans cela, Jésus-Christ ne serait pas moins blâmable de son silence que de sa malice à refuser à tous les hommes la grâce, la foi et la piété qu'il assure leur pouvoir donner.

Mais, pour revenir aux esprits, il est certain que ces mots *Démons, Satan, Diable,* ne sont point des noms propres qui désignent quelque individu, et qu'il n'y eut jamais que les ignorants qui y crurent, tant parmi les Grecs, qui les inventèrent, que parmi les Juifs, qui les adoptèrent: depuis que ces derniers furent infectés de ces idées, ils approprièrent ces noms, qui signifient *ennemi, accusateur* et *exterminateur,* tantôt aux puissances invisibles, c'est-à-dire aux gentils, qu'ils disaient habiter le royaume de Satan, n'y ayant qu'eux, dans leur opinion, qui habitassent celui de Dieu.

VII

Comme Jésus-Christ était juif, par conséquent fort imbu de ces opinions, il ne faut pas s'étonner si l'on rencontre souvent dans ses Évangiles, et dans les écrits de ses disciples, ces mots de *Diable,* de *Satan,* d'*Enfer,* comme si c'était quelque chose de réel ou d'effectif.

Cependant, il est très évident, comme nous l'avons déjà fait observer, qu'il n'y a rien de plus chimérique, et quand ce que nous avons dit ne suffirait pas pour le prouver, il ne faut que deux mots pour convaincre les opiniâtres.

Tous les chrétiens demeurent d'accord que Dieu est la source de toutes choses, qu'il les a créées, qu'il les conserve, et que, sans son secours, elles tomberaient dans le néant; suivant ce principe, il est certain qu'il a créé ce qu'on appelle le *diable* ou *Satan*. Or, qu'il l'ait créé bon ou mauvais (ce dont il ne s'agit pas ici), il est incontestablement l'ouvrage du premier principe. S'il subsiste, tout méchant qu'il est, comme on le dit, ce ne peut être que par la volonté de Dieu. Or comment est-il possible de concevoir que Dieu conserve une créature, qui non seulement le hait mortellement et le maudit sans cesse, mais qui s'efforce encore de lui débaucher ses amis pour avoir le plaisir de le mortifier? Comment, dis-je, est-il possible que Dieu laisse subsister ce diable, pour lui faire lui-même tout le chagrin qu'il peut, pour le détrôner s'il était en son pouvoir, et pour détourner de son service ses favoris et ses élus?

Quel est ici le but de Dieu, ou plutôt que nous veut-on dire en nous parlant du diable et de l'enfer? Si Dieu peut tout et qu'on ne puisse rien sans lui, d'où vient que le diable le hait, le maudit et lui enlève ses amis? Ou Dieu y consent, ou il n'y consent pas. S'il y consent, le diable, en le maudissant, ne fait que ce qu'il doit, puisqu'il ne peut que ce Dieu veut; par conséquent, ce n'est pas le diable mais Dieu même qui se maudit; chose absurde, s'il en fut jamais! S'il n'y consent pas, il n'est pas vrai qu'il soit tout-puissant, et par conséquent il y a deux principes, l'un du bien et l'autre du mal; l'un qui veut une chose, l'autre qui veut le contraire. Où nous conduira ce raisonnement? À faire avouer sans réplique que ni Dieu, ni le diable, ni le paradis, ni l'enfer, ni l'âme ne sont point ce que la religion dépeint, et que les théologiens, c'est-à-dire ceux qui débitent des fables pour des vérités, sont des gens de mauvaise foi, qui abusent de la crédulité des peuples pour leur insinuer ce qui leur plaît, comme si le vulgaire était absolument indigne de la vérité, ou ne dût être nourri que de chimères, dans lesquelles un homme raisonnable ne voit que du vide, du néant et de la folie.

Il y a longtemps que le monde est infecté de ces absurdes opinions. Cependant, de tout temps, il s'est trouvé des esprits solides et des hommes sincères, qui, malgré la persécution, se sont récriés contre les absurdités de leur siècle, comme on vient de le faire dans ce petit traité. Ceux qui aiment la vérité y trouveront, sans doute, quelque consolation; c'est à ceux-là que je veux plaire, sans me soucier du jugement de ceux à qui les préjugés tiennent lieu d'oracle infaillible.

Felix qui potuit rerum cognoscere causas,
Atque metus omnes et inexorabile fatum
Subjecit pedibus, streptitumque Acheronis avari.

(Virgile, *Géorgiques*, Livre 2.)

Table

Rivages poche /Petite Bibliothèque
Collection dirigée par Lidia Breda

L'Art de ne croire en rien (n° 392)	
Sefer Yesirah ou Le livre de la Création (n° 387)	
Giorgio Agamben	*Stanze* (n° 257) *Moyens sans fins* (n° 380) *Ce qui reste d'Auschwitz* (n° 390) *L'Ombre de l'amour* (n° 434)
Günther Anders	*Nous, fils d'Eichmann* (n° 426)
Apulée	*Le Démon de Socrate* (n° 110)
Hannah Arendt	*Considérations morales* (n° 181) *Le Concept d'amour chez Augustin* (n° 288) *Qu'est-ce que la philosophie de l'existence ?* (n° 400)
L'Arétin	*Sonnets luxurieux* (n° 192)
Aristote	*L'Homme de génie et la Mélancolie* (n° 39) *Rhétorique-Des passions* (n° 40) *Éthique à Eudème* (n° 129) *La Vérité des songes* (n° 162)
W. H. Auden	*Shorts* (n° 407)
Marc Augé	*L'Impossible Voyage* (n° 214) *Les Formes de l'oubli* (n° 333)
Augustin	*La Vie heureuse* (n° 261) *Le Bonheur conjugal* (n° 347)
Francis Bacon	*Sur le prolongement de la vie et les moyens de mourir* (n° 401)
Barbey d'Aurevilly	*Du dandysme et de George Brummell* (n° 233)
Bruce Benderson	*Pour un nouvel art dégénéré* (n° 259) *Sexe et solitude* (n° 335)
Walter Benjamin	*Je déballe ma bibliothèque* (n° 320)
Boèce	*Consolation de la Philosophie* (n° 58)
Georg Büchner	*Lenz* (n° 244)
Buffon	*Discours sur la nature des animaux* (n° 424)
Casanova	*Mon apprentissage à Paris* (n° 252)

Lucien	*Philosophes à vendre* (n° 72)
A. Machado	*De l'essentielle hétérogénéité de l'être* (n° 391)
Marc Aurèle	*À soi-même* (n° 440)
Gabriel Matzneff	*De la rupture* (n° 298)
F.-A. Paradis de Moncrif	*Essais sur la nécessité et sur les moyens de plaire* (n° 364)
Montaigne	*De la vanité* (n° 63)
	L'Art de conférer (n° 330)
Montesquieu	*Essai sur le goût* (n° 96)
André Morellet	*De la Conversation* (n° 169)
F. Nietzsche	*Dernières lettres* (n° 70)
	Ainsi parla Zarathoustra (n° 394)
D. Noguez	*Les Plaisirs de la vie* (n° 353)
	Comment rater complètement sa vie en onze leçons (n° 438)
Ortega y Gasset	*Le Spectateur* (n° 80)
	Études sur l'amour (n° 452)
Ovide	*Amours* (n° 202)
Martin Palmer	*Le Taoïsme* (n° 222)
Pascal	*Pensées sur la politique* (n° 75)
	L'Art de persuader (n° 330)
Fernando Pessoa	*Fragments d'un voyage immobile* (n° 42)
	Lettres à la fiancée (n° 43)
Pétrarque	*Mon secret* (n° 52)
	La Vie solitaire (n° 266)
	Contre la bonne et la mauvaise fortune (n° 360)
Enea Silvio Piccolomini (Pape Pie II)	*Lettre à Mahomet II* (n° 393)
Plutarque	*Comment tirer profit de ses ennemis* (n° 103)
	Comment écouter (n° 150)
	La Sérénité intérieure (n° 336)
	Manger la chair (n° 395)
Karl R. Popper	*Des sources de la connaissance et de l'ignorance* (n° 241)
Félix Ravaisson	*De l'habitude* (n° 208)
Jacques-Antoine de Révéroni Saint-Cyr	*Pauliska* ou *La Perversité moderne* (n° 361)

Chantal Thomas	*Comment supporter sa liberté* (n° 297)
	Sade, la dissertation et l'orgie (n° 384)
F. de Towarnicki	*Martin Heidegger* (n° 385)
M. Tsvétaïéva	*Après la Russie* (n° 89)
J. Van de Wetering	*Un éclair d'éternité* (n° 278)
	Le Miroir vide (n° 310)
	L'Après-zen (n° 421)
Oscar Wilde	*La Vérité des masques* (n° 346)
Xénophon	*L'Économique* (n° 145)
J.-G. Ymbert	*L'Art de faire des dettes* (n° 193)
Yogīndu	*Lumière de l'Absolu* (n° 281)
Federico Zeri	*Renaissance et pseudo-Renaissance* (n° 356)
	Le Mythe visuel de l'Italie (n° 357)
Stefan Zweig / Arthur Schnitzler	*Correspondance* (n° 348)

Rivages poche / Bibliothèque étrangère

Harold Acton	*Pivoines et Poneys* (n° 73)
Sholem Aleikhem	*Menahem-Mendl le rêveur* (n° 84)
Kingsley Amis	*La Moustache du biographe* (n° 289) *Sur la fin* (n° 404)
Jessica Anderson	*Tirra Lirra* (n° 194)
Reinaldo Arenas	*Le Portier* (n° 26)
Beryl Bainbridge	*Georgie* (n° 367)
James Baldwin	*La Chambre de Giovanni* (n° 256)
Melissa Bank	*Manuel de chasse et de pêche à l'usage des filles* (n° 326)
Quentin Bell	*Le Dossier Brandon* (n° 102)
Stefano Benni	*Baol* (n° 179)
Ambrose Bierce	*Le Dictionnaire du Diable* (n° 11) *Contes noirs* (n° 59) *En plein cœur de la vie,* vol. I (n° 79) *En plein cœur de la vie,* vol. II (n° 100) *De telles choses sont-elles possibles ?* (n° 130) *Fables fantastiques* (n° 170) *Le Moine et la fille du bourreau* (n° 206)
Elizabeth Bowen	*Dernier Automne* (n° 265) *Eva Trout* (n° 358) *L'Adultère* (n° 376)
Paul Bowles	*Le Scorpion* (n° 3) *L'Écho* (n° 23) *Un thé sur la montagne* (n° 30)
M. E. Braddon	*Le Secret de lady Audley* (n° 340)
Louis Buss	*Le Luxe de l'exil* (n° 327)
Robert O. Butler	*Un doux parfum d'exil* (n° 197) *Étrange Murmure* (n° 270) *La Nuit close de Saigon* (n° 296) *La Fille d'Hô Chi Minh-Ville* (n° 339)
Calamity Jane	*Lettres à sa fille* (n° 232)
Peter Cameron	*Week-end* (n° 245)

	Année bissextile (n° 303)
	Andorra (n° 433)
Ethan Canin	*L'Empereur de l'air* (n° 109)
	Blue River (n° 157)
Truman Capote	*Un été indien* (n° 9)
Willa Cather	*Mon ennemi mortel* (n° 74)
	Une dame perdue (n° 101)
	Destins obscurs (n° 117)
	La Mort et l'Archevêque (n° 144)
	Mon Ántonia (n° 159)
	La Maison du professeur (n° 217)
	L'Un des nôtres (n° 285)
	Des ombres sur le rocher (n° 337)
Daniel Chavarría	*Madrid cette année-là* (n° 341)
G. C. Chelli	*L'Héritage Ferramonti* (n° 290)
Rafael Chirbes	*Tableau de chasse* (n° 316)
	La Belle Écriture (n° 451)
Fausta Cialente	*Les Quatre Filles Wieselberger* (n° 10)
Barbara Comyns	*Les Infortunes d'Alice* (n° 94)
Joseph Conrad	*Le Duel* (n° 106)
Lettice Cooper	*Une journée avec Rhoda* (n° 137)
	Fenny (n° 264)
G. Culicchia	*Patatras* (n° 227)
	Paso Doble (n° 309)
Silvio D'Arzo	*Maison des autres* (n° 78)
Robertson Davies	*L'Objet du scandale* (n° 234)
	Le Manticore (n° 260)
	Le Monde des Merveilles (n° 280)
	Les Anges rebelles (n°435)
A. Davis-Gardner	*Un refuge en ce monde* (n° 118)
	Felice (n° 203)
Andrea De Carlo	*Oiseaux de cage et de volière* (n° 178)
Walter de la Mare	*L'Amandier* (n° 108)
	Du fond de l'abîme (n° 141)
	À première vue (n° 219)
D. Del Giudice	*Le Stade de Wimbledon* (n° 209)
Erri De Luca	*Une fois, un jour* (n° 119)
	Acide, Arc-en-ciel (n° 201)

	En haut à gauche (n° 251)
	Tu, mio (n° 315)
Alfred Döblin	*L'Assassinat d'une renoncule* (n° 25)
H. von Doderer	*Un meurtre que tout le monde commet* (n° 14)
Michael Dorris	*Un radeau jaune sur l'eau bleue* (n° 121)
Karen Duve	*Déluge* (n° 405)
J. M. Falkner	*Le Stradivarius perdu* (n° 153)
Sergio Ferrero	*Le Jeu sur le pont* (n° 370)
	Dans l'ombre (n° 410)
Eva Figes	*Lumière* (n° 5)
Ronald Firbank	*La Fleur foulée aux pieds* (n° 304)
	Les Excentricités du cardinal Pirelli (n° 305)
Richard Ford	*Rock Springs* (n° 220)
Janet Frame	*Les hiboux pleurent vraiment* (n° 375)
Mavis Gallant	*Les Quatre Saisons* (n° 82)
	Voyageurs en souffrance (n° 175)
	L'Été d'un célibataire (n° 205)
	Chroniques de Mai 68 (n° 246)
Jane Gardam	*La Dame aux cymbales* (n° 276)
William Gass	*Au cœur du cœur de ce pays* (n° 146)
Kaye Gibbons	*Ellen Foster* (n° 4)
	Une femme vertueuse (n° 31)
Barry Gifford	*Les Vies parallèles de Jack Kerouac* (n° 81)
	Paysage avec voyageur (n° 133)
Lars Gustafsson	*Musique funèbre* (n° 135)
Thomas Hardy	*Les Yeux bleus* (n° 371)
MacDonald Harris	*La Valise de Hemingway* (n° 149)
Robert Hellenga	*Les Seize Voluptés* (n° 415)
C. Isherwood	*Le Condor* (n° 28)
	Octobre (n° 284)
Henry James	*Mémoires d'un jeune garçon* (n° 27)
	Owen Wingrave (n° 36)
	Le Dernier des Valerii (n° 62)
	Un épisode international (n° 97)
	Carnet de famille (n° 292)
	La Tour d'ivoire (n° 355)
Diane Johnson	*Nuits persanes* (n° 185)
Elizabeth Jolley	*L'Héritage de Miss Peabody* (n° 87)

	Femmes et Fantômes (n° 182)
	Liaisons étrangères (n° 207)
	Ne le dites pas aux grands (n° 279)
	Un été à Key West (n° 300)
Norman Maclean	*Montana, 1919* (n° 140)
	La Rivière du sixième jour (n° 213)
	La Part du feu (n° 243)
Javier Marías	*L'Homme sentimental* (n° 24)
	Le Roman d'Oxford (n° 114)
	Un cœur si blanc (n° 186)
	Ce que dit le majordome (n° 237)
	Demain dans la bataille pense à moi (n° 253)
	Quand j'étais mortel (n° 295)
Olga Masters	*Le Cœur labyrinthe* (n° 115)
Jay McInerney	*Toute ma vie* (n° 229)
Steven Millhauser	*La Galerie des jeux* (n° 37)
V. Molina Foix	*La Femme sans tête* (n° 377)
Rick Moody	*Purple America* (n° 374)
Lorrie Moore	*Des histoires pour rien* (n° 8)
	Vies cruelles (n° 61)
	Anagrammes (n° 91)
	Que vont devenir les grenouilles ? (n° 236)
	Déroutes (n° 411)
Frank Moorhouse	*Quarante/Dix-sept* (n° 112)
Guido Morselli	*Dissipatio* (n° 173)
John Mortimer	*Félix aux enfers* (n° 363)
Alice Munro	*Les Lunes de Jupiter* (n° 147)
	Amie de ma jeunesse (n° 198)
	Secrets de Polichinelle (n° 328)
	L'Amour d'une honnête femme (n° 416)
Vladimir Nabokov	*L'Enchanteur* (n° 215)
Roger Nimier	*Les Indes Galandes* (n° 64)
Whitney Otto	*Le Jour du patchwork* (n° 184)
Cynthia Ozick	*Le Rabbi païen* (n° 29)
Grace Paley	*Les Petits Riens de la vie* (n° 1)
	Plus tard le même jour (n° 13)
	Énorme changement de dernière minute (n° 163)
Victor Paskov	*Ballade pour Georg Henig* (n° 33)
Pier Paolo Pasolini	*Descriptions de descriptions* (n° 168)

Walker Percy	*Le Cinéphile* (n° 18)
	L'Amour parmi les ruines (n° 88)
	Les Signes de l'apocalypse (n° 172)
Annie Proulx	*Nœuds et dénouement* (n° 267)
	Cartes postales (n° 332)
	Les Pieds dans la boue (n° 406)
Barbara Pym	*Adam et Cassandra* (n° 15)
	Secret, très secret (n° 35)
	Lorsqu'un matin d'orage (n° 47)
Elisabetta Rasy	*La Première Extase* (n° 228)
Simon Raven	*Les Mauvaises Fréquentations* (n° 324)
	Les riches payent tard (n° 350)
Laura Restrepo	*Douce Compagnie* (n° 293)
Bernice Rubens	*Le Visiteur nocturne* (n° 329)
Umberto Saba	*Couleur du temps* (n° 6)
	Comme un vieillard qui rêve (n° 17)
Lisa Saint-Aubin de Terán	
	Les Jours de l'Orénoque (n° 90)
John Saul	*Baraka* (n° 142)
	De si bons Américains (n° 183)
	Mort d'un général (n° 216)
	Paradis Blues (n° 338)
	L'Ennemi du bien (n° 432)
Karel Schoeman	*En étrange pays* (n° 249)
Budd Schulberg	*Un homme dans la foule* (n° 76)
	Le Désenchanté (n° 77)
	Le Visage de Hollywood (n° 156)
	La Forêt interdite (n° 453)
Carl Seelig	*Promenades avec Robert Walser* (n° 65)
Jane Shapiro	*Le Mari dangereux* (n° 389)
Carol Shields	*Swann* (n° 126)
	La République de l'amour (n° 160)
Jane Smiley	*Portraits d'après nature* (n° 148)
	L'Exploitation (n° 199)
	Un appartement à New York (n° 218)
	Moo (n° 277)
	Chagrins (n° 308)
	Le Paradis des chevaux (n° 427)
Natsumé Sôseki	*Oreiller d'herbes* (n° 2)

	Clair-obscur (n° 22)
	Le Voyageur (n° 122)
	*Le 210e jour (*n° 286)
	À travers la vitre (n° 359)
Muriel Spark	*La Porte Mandelbaum* (n° 319)
Elizabeth Spencer	*Nouvelles du Sud* (n° 188)
Tilman Spengler	*Le Cerveau de Lénine* (n° 151)
R. L. Stevenson	*Fables* (n° 20)
	La Magicienne (n° 34)
	Olalla (n° 56)
W. Stockenström	*Le Baobab* (n° 323)
Italo Svevo	*Le Destin des souvenirs* (n° 12)
Paco I. Taibo II	*Le Rendez-vous des héros* (n° 204)
Elizabeth Taylor	*Angel* (n° 41)
	Mrs. Palfrey, Hôtel Claremont (n° 67)
	Cher Edmund (n° 98)
	Noces de faïence (n° 125)
	Une saison d'été (n° 155)
	La Bonté même (n° 190)
	Le Papier tue-mouches (n° 250)
	Une partie de cache-cache (n° 273)
	Le Cœur lourd (n° 307)
	Vue sur le port (n° 373)
J. Turner Hospital	*L'Opale du désert* (n° 398)
	Comme un tigre en cage (n° 436)
Gore Vidal	*Un garçon près de la rivière* (n° 269)
	Myra Breckinridge et Myron (n° 383)
	En direct du Golgotha (n° 444)
Alberto Vigevani	*Le Tablier rouge* (n° 136)
	Un été au bord du lac (n° 195)
Evelyn Waugh	*Trois nouvelles* (n° 138)
Fay Weldon	*Copies conformes* (n° 128)
Paul West	*Le Médecin de Lord Byron* (n° 50)
Rebecca West	*Femmes d'affaires* (n° 167)
Thomas Wharton	*Le Champ de glace* (n° 372)
Joy Williams	*Dérapages* (n° 120)

Achevé d'imprimer sur rotative par l'Imprimerie Darantiere à Dijon-Quetigny en janvier 2004

Dépôt légal : août 2002 - N° d'impression : 24-0114

Imprimé en France